I.5693
+ B.

Yf (.86)

LE PRINCE DÉGVISÉ.

TRAGI-COMEDIE.

PAR

MONSIEVR DE SCVDERY.

A PARIS,

Chez Avgvstin Covrbé, Imprimeur &
Libraire de Monsieur frere du Roy, dans la
petite Salle du Palais, à la Palme.

M. DC. XXXVI.

AVEC PRIVILEGE DV ROY.

A MADEMOISELLE,
MADEMOISELLE
DE
BOVRBON.

MADEMOISELLE,

Si ie ne craignois de passer au delà des bornes ordinaires d'vne lettre, i'imiterois ce fameux Peintre, qui de toutes les beautez de la Grece, forma cette rare Venus, de qui l'estime dure encore en la memoire des hommes. Ie di-

á iij

rois tout ce que les autres ont dit : ie donnerois à voſtre gloire toutes les loüanges qu'ils ont données ; & ie vous ferois vne Couronne de toutes les belles fleurs que le Parnaſſe a produites. Et certes ce ne ſeroit pas ſans raiſon, puis que vous poſſedez ſeule ce que toutes les Beautez de la terre peuuent auoir d'excellent : & qu'il en eſt peu qui puiſſent approcher de vous, ſans ſouffrir l'affront des Eſtoilles, quãd l'eſclat du Soleil paroiſt. Mais, Mademoiselle, il n'appartient qu'aux Aigles, de regarder fixement ce bel Aſtre : & comme ie n'en ay ny l'œil ny la plume, il faut que ie regle mon vol & mes regards sur ma foibleſſe, & que ie me contente de dire ce que ie puis, ne pouuant dire ce que ie dois: comme vous auez l'eſprit & la beauté d'vn Ange, vous en aurez encore la bõté. Et c'eſt d'elle que i'attends ma grace, apres le deſſein temeraire que ie prends de vous offrir mon PRINCE DEGVISE'. Ie fis ce hardy projet, dés l'inſtant que i'eus l'honneur de baiſer la robe à Madame la Princeſſe, & à voſtre Grandeur; Et i'eſpere meſme que le ſuccez ne m'en ſeroit pas mal-heureux, vous voyant eſcouter auec attention, vne choſe indigne de l'eſtre de vous, puis qu'elle partoit de moy. Mais quoy qu'il en soit, l'honneur de l'auoir osé, satisfait mon ambition, sçachant bien que quel que soit l'éuenement d'vne si haute entreprise, il ne peut estre que glorieux pour moy qui suis,

MADEMOISELLE,

Vostre tres-humble &
tres-obeïssant seruiteur,
De Scudery.

VERS

Pour mettre souz les portraicts de cette
Excellente Princesse.

Si ton Sang ne procede, ou des Rois, ou des Dieux,
    Temeraire abaisse les yeux,
Et mets pour te sauuer ta prudence en visage;
Le seul aueuglement te pourra secourir;
    Mais non, sois plus hardy que sage,
    Et regarde ce beau visage,
   Il vaut mieux le voir, & mourir,

Fautes suruenuës en l'impreſſion du Prince Déguiſé.

Dans l'Epiſtre, page 3. ligne 15. i'eſpere, liſez i'eſperé.
Page 43. vers 13. encore, liſez encor.
Page 64. vers 12. la, liſez le.
Page 81. vers 6. que ie deſire, liſez qu'elle y deſire.
Page 82. vers 11. Clement, liſez Clemente.
Page 104. vers 9. heritier, liſez heritiere.

AV
LECTEVR.

L est certains Tableaux, dont le Coloris est si vif & si riant, qu'il surprend agreablement la veuë de tous ceux qui les regardent, trompe la connoissance des plus sçauans en portraicture, & faict passer d'abord pour fort beau, ce qui

ẽ ij

ne l'eſt point du tout: Mais lors que cette douce illuſion eſt diſſipée, qu'on s'apperçoit de la tromperie qu'elle a faicte au ſens, & qu'enfin le iugement recouure la liberté de ſes fonctions; on ne voit plus ce qu'on croyoit voir: on ſe mocque de cét ouurage, & de ſoy meſme; & cette eſtime ſi mal fondée, ſe change en vn iuſte meſpris. Ie ne ſçay (Lecteur) ſi cette Peinture parlante que ie t'offre, n'aura point le meſme deſtin; & ie doute, ſi cette approbation vniuerſelle qu'elle a receuë, eſt vn effect de ſes beautez, ou de ſon bon-heur. Le ſuperbe appareil de la Scene, la face du Theatre, qui change cinq ou ſix fois entierement, à la repreſentation de ce Poëme, la magnificence des habits, l'excellence des Co-

mediens, de qui l'action farde les paroles, & la voix qui n'est qu'vn son qui meurt en naissant; tout cela (dis-ie) estant ioint ensemble, est capable de donner des graces à ce qui n'en a point, d'esbloüir par cét esclat les yeux des plus clairs-voyans, & de deceuoir l'oreille la plus iuste, & la plus sensible au discernement des bonnes ou des mauuaises choses. Mais comme Alexandre dict autre-fois à quelqu'vn qui luy conseilloit d'attacquer ses ennemis la nuict, Qu'il ne vouloit point dérober la victoire: Ie t'asseure de mesme, que ie ne veux point dérober la reputation d'esprit, ny la deuoir à ce qui n'est pas de moy. C'est ce qui m'oblige à t'exposer cét ouurage, despoüillé de tous autres ornemens, que de
é iij

ceux qui luy font naturels, afin que ta raiſon ne ſoit point ſurpriſe, & qu'elle ne luy donne, que ce qu'il merite d'auoir. Sçache donc qu'en te le monſtrant, ie me ſuis caché le pinceau dans la main, derriere les rideaux comme Appelle, reſolu de corriger mes deffaux par ta connoiſſance, & de me deffaire de cét amour propre, qui nous fait croire beau tout ce que nous faiſons, & ce qui bien ſouuent ne l'eſt pas. Mais de grace, ſois Iuge equitable, fay que ta cenſure ſoit fille de la Charité, & non pas de l'Enuie; & ſur tout examine toy pour m'examiner; iuge toy pour me iuger; connoy tes forces pour voir ma foibleſſe, & ne te meſle que de ce que tu ſçais bien: autrement ie me monſtreray comme ce fameux Peintre, pour te dire

Ne sutor vltra crepidam

Si tu es de la Cour, pardonne moy ce mot de Latin, que ie n'ay pû retenir : C'est vne faute que ie n'ay iamais commise en escriuant, & que ie ne commettray peut-estre iamais : le peu que i'en sçay ne me permettant pas d'en estre prodigue, n'y d'en faire profusion, Adieu.

Les Acteurs.

CLEAROVÉ Fils d'Altomire Roy de Naples.
LISANDRE Gentil-homme Napolitain, demeurant en Sicile.
FLORESTOR Escuyer de Clearque.
ROSEMONDE Reine de Sicile & vefue du Roy Poliante.
ARGENIE Vnique heritiere du Royaume de Sicile.
THEOTIME Grand Sacrificateur de la Sicile.
ARCHANE Ministre du Temple de Palerme.
PHILISE Fille d'honneur de l'Infante, & sa fauorite.
RVTILE Iardinier de la Reine.
MELANIRE Femme de Rutile.
ANTHENOR Chancelier de Sicile.
ARISTE Lieutenant des Gardes de la Reine.
Quatre de ses compagnons.
ARMILE Page d'Argenie.
TROVPE des Courtisans de Sicile.
IVGES de Camp.
CHŒVR de peuple Sicilien.
CHŒVR de Trompettes.

La Scene est à Palerme.

LE PRINCE DÉGVISÉ.

ACTE PREMIER.

Clearqve, Lisandre, Florestor, Rosemonde, Argenie, Philise, Theothime, Anthenor, Ariste, Chœvr de Covrtisans, Chœvr de Gardes, Chœvr de Pevple, Archane, Armile.

SCENE PREMIERE.

Clearqve, Lisandre, Florestor.

Clearqve.

Lisandre, couurez-vous, icy tout m'est suspect, *Le Prince est vastu en simple Caualier.*
Et ne me traittez plus auec tant de respect:
Songez en ce dessein où l'amour me conuie,
Si ie suis descouuert qu'il y va de ma vie.

A

LE PRINCE

LISANDRE.
Ie fors pour obeïr des termes du deuoir:

CLEARQVE.
Vous estes mieux ainsi, veu qu'on nous pourroit voir.
Mon entreprise seule est assez difficile,
Et ie me dois cacher à toute la Sicile :
Mais vous aurez l'honneur d'apprendre mon projet,
Car mon pere vous tient amy comme subjet :
Et bien qu'vn autre Prince ait vostre obeïssance,
Naples dont il est Roy, vous a donné naissance ;
C'est pourquoy vous deuez aider à mon dessein,
Puis que le mesme Sceptre est acquis à ma main.

LISANDRE.
Ie fais viure en mon cœur l'amour de ma prouince,
Celle de mes parens, & le respect du Prince ;
Et bien que confiné dans ce bord estranger,
En changeant de sejour ie ne sçaurois changer :
Et loing de la patrie, & dans ceste aduanture,
La fortune m'attache, aussi faict la nature ;
Et croyez, Monseigneur, que ie vous seruiray,
(En deussay-ie perir) autant que ie pourray.

CLEARQVE.
Aussi pouuez vous voir par ceste confidence,
Que ie vous croy fidelle, & remply de prudence ;

DE'GVISE'.
Puis que dans vn Estat qui m'est si dangereux,
Ie vous fais compagnon de mon sort amoureux.

LISANDRE.
Mon visage estonné vous marque ma tristesse :
Et ie tremble, en voyant en ces lieux vostre Altesse;
Lieux, où vostre bon-heur tient chacun en soucy;
Et ie ne puis iuger ce qui vous meine icy.

CLEARQVE.
Quoy, n'auez vous point sceu les motifs d'vne guerre,
Où le sang a couuert la face de la terre?
Où la flame & le fer ont tant semé d'effroy?
Et qui trouue sa fin dedans celle d'vn Roy,
Que pleure la Sicile & que chacun regrette?

LISANDRE.
Ce malheur est public, la cause en est secrette;
Et tous pour ce sujet, ont diuers sentiment;
Mais nous n'en sçauons rien que fort confusément.
Et mesme les exploits qui signalent vos armes,
Qui coustent tant de sang, qui coustent tant de larmes,
Ne me sont point connus, parce que i'estois lors,
Dans ces heureux climats d'où viennent les thresors;
Et que quelques combats qu'ait gaigné vostre armée,
La longueur du chemin lassoit la Renommée ;

A ij

Si bien que mon esprit ne trouue point de jour,
Quand il vous oit parler & de guerre, & d'amour.

CLEARQVE.

Pour vous en esclaircir, escoutez vne histoire,
De qui la fin tragique afflige ma memoire,
Destruit mon esperance, ainsi que mes desirs,
Et condamne mon ame à tant de desplaisirs.
Six ans ont faict leur cours, depuis l'heure fatale
Que ie quittay les bords de ma terre natale,
Et qu'vn desir de voir (plus viste qu'vn torrent)
M'emporta sous l'habit de Cheualier errant.
I'erre ainsi déguisé, de prouince, en prouince;
Ie visite en passant la Cour de chaque Prince;
Et suiuant le dessein qui me fit esloigner,
Ie tasche de m'instruire en l'art de bien regner.
En fin, ayant couru presque l'Europe entiere,
Ce beau feu s'esteignit à faute de matiere;
Ce desir curieux n'eut plus où s'attacher;
Ie creus auoir acquis, ce que que i'allois chercher;
Pleinement satisfait de mes erreurs passées,
Ie reuins sur mes pas, ie changeay de pensées;
Et forcé du destin, & conduit par l'Amour,
I'arriuay dans Messine, & vins voir ceste Cour.
Ce fut là, que ce Dieu triompha de mon ame;
En ce lieu ie bruslay de ma premiere flame;

DEGVISÉ.

Ie me laiſſay ſurprẽdre aux charmes d'vn beau teint;
Mon œil en fut touché, mon cœur en fut attaint;
I'en ſouffris à l'inſtant la douce tyrannie;
Et pour tout dire enfin, i'oſay voir Argenie.
Ie la vis, & l'aimay; car au meſme moment,
Qui fit que ie la vis, ie me fis voir amant.
Mon ame à ſon abord fut bien peu deffenduë;
Et malgré ma raiſon la place fut renduë,
Auſſi toſt que cét œil, qui peut tout enflammer,
Par vn de ſes regards eut daigné me ſommer.
Ie fus cent fois tenté d'vne ardeur violente,
Qui me ſollicitoit d'accoſter Poliante,
De luy dire mon nom, & le mal que i'auois;
Mais touſiours la raiſon me retenoit la voix,
Et me repreſentoit le pouuoir de mon pere :
Mais comme vous ſçauez que tout amant eſpere,
Ie creus que ſon deſir ſeconderoit le mien,
Et qu'il m'eſtoit permis d'aſpirer à ce bien.
Comme en effect, deſlors ie quittay la Sicile ;
Et le luy propoſant, ie le trouuay facile ;
Il approuua mon choix, en loüa la grandeur,
Et ne refuſa rien à mes vœux pleins d'ardeur.
Au contraire, auſſi toſt pour finir mon martyre,
Il deſpeſche vn des ſiens, comme ie le deſire,

A iij

Pour demander l'Infante, à ce Roy malheureux :
Voicy le premier coup de mon sort rigoureux.
Car soit que Poliante eust receu quelque Oracle,
Qui fust à cét Hymen vn inuisible obstacle ;
Ou soit que son esprit eust quelque autre raison,
Qui vinst de ma personne, ou touchast ma maison ;
Ou que le seul caprice authorisast sa haine ;
Ce cruel se mocqua d'vne esperance vaine,
Et sçachant le dessein de nostre Ambassadeur,
Il ne luy respondit qu'en termes de froideur,
Et ne luy donna point d'audience publique.
Altomire sensible, & qu'vn outrage picque,
Quelque soin que ie prisse à le faire changer,
Iura de le punir, & de se bien vanger.
Aussi tost il equippe vne puissante flotte,
Et mettant nostre route en la main du pilotte,
Il s'embarque, & ie suy malgré moy ses vaisseaux,
Que le vent fauorise, & qui fendent les eaux.
Poliante aduerty qu'il se forme vn orage,
Se resoud de l'attendre, & ne perd point courage ;
Va tousiours costoyant la Sicile en ses bords,
A dessein d'enfermer l'embouchure des ports ;
Enfin, nous l'attaquons assez prés de Cardonne :
Tout se mesle à l'instant, la bataille se donne ;

Le bruit, le sang, l'horreur, & la mort en tous lieux,
Passent iusques au cœur, & s'offrent à nos yeux:
Le choc de tant de Nefs fait l'esclat d'vn tonnerre,
Qui retentit bien loing du costé de la terre,
Et qui semble respondre à ces flots murmurans,
Et se mesler encore aux plaintes des mourans.
Par des longs cris aigus, que le soldat enuoye,
Il se fait vn chaos de tristesse & de ioye,
Les vaisseaux accrochez sont horribles à voir,
On attaque, on resiste, & tous font leur deuoir :
L'on combat main à main, & chacun s'éuertuë,
Pour trainer auec soy, l'ennemy qui le tuë.
On voit tomber en l'eau mille corps tous sanglans,
Et la main de la Parque esclaircit tous les rangs.
La face de la mer nous paroist effroyable,
Elle n'a point d'objet qui ne soit pitoyable,
Vn vaisseau coule à fond, vn autre tout brisé,
De crainte d'estre pris, se fait voir embrasé,
Et couurant le Soleil d'vne espaisse fumée,
Dérobe aux yeux de tous, & l'vne & l'autre armée.
Le feu se communique, entre aux autres vaisseaux ;
Si bien qu'il semble naistre au milieu de ces eaux.
Mille pointes de flame en l'air sont ondoyantes,
Qui s'esleuent du sein des vagues aboyantes,

Et ce pauure pays crût voir en cét inſtant,
Comme vn Etna ſolide, vn Veſuue flotant.
Bellonne deux cens fois changea de capitaine ;
Le ſort parut douteux; la fortune incertaine ;
Elle balença bien ; mais d'vn regard plus doux,
La victoire à la fin ſe declara pour nous ;
Nous fuſmes les plus forts; & tant de Nefs percées,
S'abandonnent au vent, & flottent diſperſées.
Poliante qui voit iuſqu'où va ſon malheur,
Plein d'ire, de courroux, de rage & de douleur,
S'efforce (mais en vain) de retourner la proüe,
De ſes pauures vaiſſeaux dont le deſtin ſe ioüe :
Mais voyant que les ſiens ſont laſſez des combats,
Luy meſme prend la fuite, & met l'eſtendart bas.
Il fuit, mais en lyon, dont l'ardante prunelle,
Teſmoigne que la peur n'eſt iamais peinte en elle,
Qui là manque de force, & non faute de cœur;
Et qui rugit encor ſous les pieds du vainqueur.
Tel parut ce grand Roy, qui regaignant la riue,
Crût pouuoir raſſembler ſa flotte fugitiue;
Combattre derechef, mais plus heureuſement;
Et changer de fortune, en changeant d'Element.
Il tourne donc viſage, & le peuple qui tremble,
Forcé par ſon exemple autour de luy s'aſſemble;

Mais

DEGVISÉ.

Mais comme le destin ne change point ses loix,
Il fut mis en deroute vne seconde fois;
Il perdit en ce lieu l'esperance derniere,
Et sa personne mesme y resta prisonniere.
Nous campons sur le bord, en attendant le jour,
Que peu d'heures apres nous vismes de retour.
Lors mon pere eut dessein d'vser de la victoire,
Et de pousser plus loing, & ses gens, & sa gloire:
Mais l'amour que i'auois, n'y pouuant consentir,
Il se remit en mer, & ie le fis partir.
Or pendant le voyage, il n'est obeissance,
Honneur, debuoir, respect, seruice, ou complaisance,
Que ce braue captif ne receust de ma part:
Ie pleignis sa valeur, i'accusay le hazard;
Ie luy fis mesme voir sa liberté certaine,
Pour chasser le dépit de cette ame hautaine;
Mais inutilement ie semay ces propos;
Et rien que le trespas ne le mit en repos:
Il mourut en dix iours contre toute apparence;
Et mourut auec luy toute mon esperance;
Iugeant que Rosemonde, espouse de ce mort,
R'allumeroit tousiours le flambeau du discord;
Et qu'apres ce malheur, l'adorable Argenie,
Auroit sans me connoistre, vne haine infinie.

Lors l'esprit agité de violents transports,
Ie poursuiuy ma route, & renuoyay ce corps,
Auec tout l'appareil, & les pompes funebres,
Que la coustume donne aux personnes celebres.
I'esperay que le temps me pourroit secourir,
Mon amour estoit né, ie crus le voir mourir.
Mais certes ce penser fut bien peu raisonnable;
Ce dessein contre un Dieu, ne m'est pas pardonnable;
Et parmy le regret, dont ie suis tourmenté,
Mon supplice est fort grand, mais ie l'ay merité.
En fin que vous diray-ie? vne absence importune,
M'a faict resoudre encor de tenter la fortune;
Et cét œil plein d'attraits qui causa mon ennuy,
Tout ainsi qu'vn aymant, m'attire aupres de luy,
Resolu de perir, ou de vaincre l'orage.

LISANDRE.

Vous voir dedans Palerme, est voir vostre courage.
Et si ie crains pour vous, ce n'est pas sans raison;
En la mort de ce Roy, l'on a creu du poison.

CLEARQVE.

Le ciel qui voit mon cœur, sçait bien mon innocence.

LISANDRE.

Mais sa veufue n'est point dans ceste connoissance.

DEGVISE.

Elle promet sa fille à qui la vengera.
Comme le prix d'vn chef qu'on luy presentera;
Et mesme à ce matin, son vœu se renouuelle,
Au funeste tombeau d'vn mary, qu'elle appelle
Pour estre le tesmoin d'vn si iuste desir,
Et pour voir son amour, voyant son desplaisir.

CLEARQVE.

Allons-y, cher Lisandre, & quoy qu'il en aduienne,
Fais que ta volonté laisse regner la mienne,
Le conseil en est pris; les tiens sont superflus;
Conduis moy dans ce temple, & ne raisonne plus.

LISANDRE.

Monseigneur, reglez mieux ceste ardeur qui vous presse:

CLEARQVE.

Clearque bien heureux, tu vas voir ta maistresse!
Souuiens toy que l'honneur, est parmy le danger,
Et qu'vn noble dessein ne se doit pas changer.

B ij

SCENE SECONDE.

ARGENIE, PHILISE.

ARGENIE.

Ve ce vœu me desplaist! que ce iour m'importune!
Et que i'ay bien subject d'accuser la fortune!
Qui veut que mon Himen se face en vn tombeau,
Et que la Parque seule y porte le flambeau.
Qu'vn homme tout sanglant soit maistre d'Argenie
Pour vn present tragique; O quelle tyrannie!
Chere Ombre de mon pere, helas! appaise toy;
Que ton ire s'esteigne, ou s'estende sur moy:
Ie suis cause du mal, ma perte est legitime,
Souffre pour ton repos, que ie sois ta victime;
Mon sang est aussi pur, que tu me l'as donné;
C'est tout ce que demande vn cœur abandonné
Au chagrin le plus noir dont l'ame possedee,
Forme pour son supplice vne fascheuse idee.

DEGVISÉ.
PHILISE.

Madame, resistez à l'extreme douleur:
Peut-estre sans raison vous craignez ce malheur;
La Reine peut auoir vne inutile enuie;
Clearque a des subjects, pour deffendre sa vie;
La teste d'vn grand Prince est vn thresor gardé,
Qu'on n'a pas aisément, comme on l'a commandé:
Et tel entreprendra ceste haute aduanture,
Qui loing d'auoir le throsne, aura la sepulture.

ARGENIE.

Face le iuste Ciel, Philise mon soucy,
Que tout audacieux, puisse finir ainsi.
Que ces lasches amans de l'or d'vne Couronne,
Qui veulent mon Estat, & non pas ma personne,
Tombent dessous le bras de ce ieune guerrier,
Et que son front eschappe à l'abry du laurier.
Ce sont les vœux ardans, qu'en ma douleur amere,
I'oppose iustement, à celuy de ma mere;
Afin que le salut d'vn Prince genereux,
Puisse arrester le cours de mon sort malheureux;
Et qu'apres tant de maux, la fortune lassée,
Esgale mon repos à ma peine passée,
Et puis que de l'Himen tout espoir m'est osté,
Que ie puisse mourir, & viure en liberté.

B iij

SCENE TROISIESME.

ARMILE, ARGENIE, PHILISE.

ARMILE.

L est temps de sortir, la Reine est descenduë;
Au bas de l'escalier vous estes attenduë:

ARGENIE

M'a-t'elle demandée?

ARMILE.

Ouy Madame, deux fois.

ARGENIE.

Il me faut obeïr à ces iniustes loix;
Forcer mes sentimens, en estouffer la plainte;
Et m'imposer le ioug d'vne rude contrainte.
Allons, puis que ce mal ne se peut euiter,
Il nous y faut resoudre, & le bien supporter.

DE' GVISE.

SCENE QVATRIESME.

THEOTIME, ARCHANE.

THEOTIME.

Souffle à ce feu sacré, fais que la flame en sorte, *Le Temple de la vangeance s'ouure.*
Pour monstrer qu'auiourd'huy la haine n'est pas morte;
Et qu'elle flambe au cœur, par vn desir mortel,
Ainsi que fera l'autre, à ce funeste Autel.
Les branches de Cyprez sont-elles preparées?
D'auec celles de l'If les as tu separées?
As tu de la resine? as tu deux flambeaux noirs,
Pour euoquer vne Ombre aux infernaux manoirs?

ARCHANE.

Tout ce qu'il faut est prest, au moins ie le presume.

THEOTIME.

I'entens desia du bruit, la Reine vient, allume:
Ne sois veu qu'à genoux, les bras hauts, les yeux bas;
Et quand i'inuoqueray ne me regarde pas.

SCENE CINQVIESME.

LISANDRE, CLEARQVE, FLORESTOR,
THEOTIME, ARCHANE,

LISANDRE.

Couurez vous d'vn pilier :

CLEARQVE.

ô fortuné Clearque,
De finir par les mains d'vne si belle Parque !
Si l'esprit d'Argenie authorise ces vœux,
Ie mourray sans regret, s'il luy plaist, ie le veux.

SCENE

SCENE SIXIESME.

ROSEMONDE, ARGENIE, PHILISE, ANTHENOR, ARISTE, THEOTIME, ARCHANE, CLEARQVE, LISANDRE, FLORESTOR, CHŒVR DE COVRTISANS, CHŒVR DE GARDES, CHŒVR DE PEVPLE, ARMILE.

ROSEMONDE.

Mon Pere, commencez vostre ceremonie:

THEOTIME.

Que chacun se prosterne:

ROSEMONDE.

à genoux, Argenie.

THEOTIME.

Deesse impitoyable, escoute à cette fois,
Ce qu'vn cœur en furie exprime par ma voix:

Apres auoir ietté les offrandes

dans le feu, il se met à genoux. Favorise ses vœux, deuien son allegeance,
Diuinité sanglante, implacable Vengeance;
La Reine s'humilie au pied de ton autel;
Ne voy son ennemy que d'vn regard mortel;
Que ce glaiue flambant, luy dérobe la vie;
Satisfaicts en ce iour vne si iuste enuie;
Eschauffe vne fureur, que guide la raison;
Et puny par le fer vn crime de poison.

Il se tourne vers le tombeau du Roy. Et toy, sors de l'enfer, Ombre illustre, & Royalle;
Viens voir si Rosemonde est constante, & loyalle;
Remarque sa douleur, & son amour parfaict,
Escoute ses souspirs, & le vœu qu'elle faict.

ROSEMONDE.

Elle prend le coin du sepulchre. Ie fais vœu solemnel, que l'Infante Argenie,
Sous le iong de l'Himen ne sera point vnie,
Qu'auec le seul amant qui me presentera
La teste de Clearque, & que luy seul l'aura.
Que si ie manque au vœu que ie fais à ceste heure,
Fay chere Ombre à l'instant que Rosemonde meure;
Et luy viens reprocher qu'elle aima laschement,
Infidelle à la Couche, ainsi qu'au Monument.

THEOTIME.

Ceste ceremonie est enfin terminée,
Qu'on doit renouueller à châque bout d'année :

DEGVISÉ.

Que voſtre Maieſté ſe leue, s'il luy plaiſt.

ROSEMONDE.

Elle augmente mon feu, toute froide qu'elle eſt,
Ceſte cendre cherie; & que ie n'abandonne,
Qu'auec les ſentimens que la triſteſſe donne.

Toute la Cour ſe retire.

LISANDRE.

Ha! changez de deſſein, retirez vous d'icy:

CLEARQVE.

Le ſort en eſt ietté, le Ciel le veut ainſi.
Il faut que ie periſſe, ou que mon aſſeurance,
Mon amour, ma fineſſe, & ma perſeuerance,
Meſurent mon bon-heur à mon affection,
Et que Clearque viue, ou meure en Ixion.
Cét Aſtre des beautez augmente mon courage;
I'ay redoublé ma force en voyant ſon viſage;
Et quel que ſoit le mal que i'en puiſſe encourir,
Il n'eſt rien que ie n'oſe, afin de l'acquerir:
Vn grand, & haut deſſein que quelque Dieu m'inſpire,
Me promet vn bon heur, qui vaut mieux qu'vn Empire;

C ij

LE PRINCE

Il parle à son Escuyer.
J'auray (si vous m'aidez) la fin de mes trauaux.
Toy, garde dans le bourg, argent, armes, cheuaux;
Ne t'en esloigne point durant mes resueries;
Donne moy seulement toutes mes pierreries.

LISANDRE.

Qu'esperez vous auoir auecques ce thresor?

CLEARQVE.

Le Soleil, qui luy seul faict les perles, & l'or.

LE PRINCE DÉGVISÉ.

ACTE SECOND.

ARGENIE, PHILISE, MELANIRE,
RVTILE, CLEARQVE, LISANDRE.

SCENE PREMIERE.

ARGENIE, PHILISE,

ARGENIE.

Il parut autrefois au milieu de la pleine
Cét illustre Berger qui fut rauir Helene :
Souz ce rustique habit, sa mine me surprend,
Et ie voy dans ses yeux quelque chose de grand.

C iij

N'as tu point remarqué son port, & son adresse,
Et comme son discours seroit honte à la Grece?
Poly, respectueux, ciuil, & complaisant:
O que ie fais de cas d'vn si riche present!
Il efface les fleurs qu'il arrouse au parterre:
Et le destin m'oblige en me faisant la guerre.
Ce rare iardinier que nous auons treuué,
Est bien digne apres tout, d'vn sort plus esleué.

PHILISE.

Madame, il est certain que iamais l'Italie
N'a faict voir en ses bords vne ame si polie:
Et de corps, & d'esprit, cét homme est si charmant,
Qu'on voit en sa personne vn berger de Romant,
Vn prodige, vn miracle, vn effort de nature,
Que ne peut imiter la voix, ny la peinture:
Et certes il paroist à mes yeux esbahis,
Aussi loing de son sort, qu'il l'est de son pays.
Et qui pourroit aimer la vertu toute nüe,
Ne la deuroit chercher qu'où vous l'auez connüe:
Et si le siecle auare estimoit comme il faut,
La fortune auroit peine à le mettre assez haut.

ARGENIE.

Que le peuple à son gré soit brutal, soit auare,
Qu'il n'ait point d'yeux pour voir vn merite si rare:

Qu'il ne l'estime pas, manque de iugement;
Mais n'ayons point de part à son aueuglement;
Cherissons la vertu : par tout elle est aimable ;
Et qui la sçait priser ne peut estre blasmable.
Sans elle, la grandeur est digne de mespris ;
Elle est l'vnique obiect de tous les bons esprits ;
Et quelque bas que soit le sort de Policandre,
L'estime est vn tribut que chacun luy doit rendre ;
Puis qu'on treuue en ses yeux, & dans son entre-
 tien,
La beauté de mon sexe, & les vertus du sien.
Mais le Soleil s'abaisse, & finit sa carriere ;
Allons voir au iardin ces restes de lumiere ;
Et pour auoir le temps d'y resuer librement,
Voyons premier la Reine à son appartement.

SCENE SECONDE.

CLEARQVE, LISANDRE.

CLEARQVE.

Il est en habit de iardinier.

ENfin l'euenement a suiuy mon presage :
La fortune me rit, & me faict bon visage :
Tout va bien, cher Lisandre ; & le Ciel appaisé,
Fauorisant mes vœux m'a rendu tout aisé :
I'ay faict prendre l'amorce à l'auare Rutile.

LISANDRE.

Que l'ame d'vn amant est adroite, & subtile !

CLEARQVE.

Et ie voy maintenant ces beaux astres des cœurs,
Ces Rois imperieux, ces superbes vainqueurs,
Ces Soleils esclatans, qui sçauent l'art de plaire,
Effacer chaque jour l'autre qui nous esclaire :
Et mesmeï ay l'honneur de me faire escouter :
Apres vn bien si grand, que puis-ie redouter ?

I'en

DEGVISE.

J'en suis veu, ie l'ay veüe, ha douceur infinie!
Or voy l'heur d'vn amant, qui peut voir Argenie?

LISANDRE.

Mais comme quoy Rutile a-t'il esté deçeu?

CLEARQVE.

Par le dessein hardy que i'en auois conçeu,
Voyant ce iardinier sur le seüil de la porte,
Aussi tost ie m'aduance, & l'aise me transporte.
Il me rend mon salut; ie le tire à quartier,
Et ie luy fay sçauoir que ie suis du mestier;
Mais que i'en mets encor vn plus haut en pratique,
Et que par les secrets qu'enseigne l'art magique,
I'ay sçeu qu'en ce iardin vn thresor est caché :
Lors voyant que son cœur estoit desia touché,
Des plus antiques Rois ie luy fais vne histoire;
I'en r'appelle les noms tracez en ma memoire;
Disant qu'vn de ce nombre a couuert en ces lieux,
Vn thresor qu'vn demon a faict voir à mes yeux ;
Et que s'il me permet d'acheuer les misteres
D'inuoquer les Esprits, tracer des caracteres,
Au milieu du silence, au milieu de la nuict ;
Que de cette faueur, il cueillera le fruict :

D.

Et qu'il partagera tant d'excellentes choses,
Que le sein de la terre en soy retient encloses.
Mais que pour arriuer au but de mon desir,
Il faut qu'il me reçoiue, & me donne loisir.
Son esprit esbloüy, cede & manque de force;
Il mord à l'ameçon, il engloutit l'amorce;
Et l'espoir du butin, l'oblige à m'accorder,
Ce qu'inutilement ie pensois demander.
I'entre, & dés qu'il est nuict, ie mets la main aux
  armes:
Et feignant qu'il est temps de commencer mes char-
  mes,
Ie vay seul au iardin, aux lieux plus escartez
I'enterre les ioyaux que moy mesme ay portez:
Et puis pour gaigner temps comme ie le desire,
Peu à peu deuant luy, ma main les en retire;
Feignant que le demon qui respond à ma voix,
M'a dit qu'on ne sçauroit auoir tout à la fois.
Ainsi mon heur commence, ainsi ma douleur ces-
  se;
Et ie voy chaque iour promener la Princesse,
Qui me parle souuent, que ie puis adorer:
Iuge si mon esprit a rien à desirer,

DEGVISÉ.

S'il eſt digne d'enuie, ou ſi l'on le doit plaindre.

LISANDRE.

Plus la fortune eſleue, & plus elle eſt à craindre.
Les biens qu'elle nous faict, ſont des biens apparens;
Le principe & la fin en ſont fort differens:
La volage ſe rit, l'inconſtante ſe ioüe;
Et noſtre heur ne dépend que d'vn branſle de roüe:
Si bien que c'eſt à nous (corrigeant ſon deffaut)
D'vſer de ſes faueurs, & du temps comme il faut:
Et de ne perdre pas ces heures precieuſes,
Où tout ſe rend facile aux ames genereuſes;
Mais qu'on ne reuoit point, oſant les negliger:
Reſpectez la fortune, afin de l'obliger.

CLEARQVE.

I'appreuue ton conſeil, auſſi bien que ton zele: *Il a vn*
Adieu, ſeparons-nous, mon deſſein me r'appelle, *papier*
Afin de me ſeruir de ces vers amoureux: *à la main.*

LISANDRE.

Deſſein auſſi hardy, comme il eſt dangereux.

D ij

SCENE TROISIESME.

MELANIRE.

Ve fais-tu beau Sorcier? à quoy songe ton ame
Qu'elle ne connoist point que la mienne est en
 flame?
Estrange aueuglement de ce bel œil vainqueur,
Qui penetre la terre, & ne voit point au cœur!
Tu cherches des thresors, & ton ame en possede;
L'Orient est pompeux, mais il faut qu'il te cede:
Vn seul de tes regards vaut mieux que tout son or:
Et c'est d'eux seulement que ie fais mon thresor.
Ouy, bien que sans dessein ton bel œil les enuoye,
Ils font mourir ma peine, & r'animent ma ioye;
Et maistres absolus, qui forcent mon humeur,
C'est par eux seulement que ie te croy charmeur.
Mais que n'vses-tu mieux de leur puissance extreme?
En donnant de l'amour, que n'en prens tu toy mesme?
Sois iuste, autant que beau, pitoyable, & charmant;
Voy que ie suis amante, & te fais voir amant:

DE GVISE.

Appreuue les ardeurs de mon ame insensée;
Espargne mon discours, & lis dans ma pensée;
Oy parler mes souspirs; escoute leur propos;
Sorcier qui me rauis, & l'ame, & le repos.
Mais il n'en fera rien, sa froideur continuë:
Il faut perdre le iour, ou nostre retenuë:
Respect, crainte, pudeur, esloignez vous d'icy:
Il faut parler en fin, Amour l'ordonne ainsi:
Et monstrer franchement, la douleur qui nous touche:
Qui nous ouure le cœur, nous doit ouurir la bouche;
Trouuons-le ce cruel, & sans plus differer,
Sçachons s'il aimera qui le veut adorer.

SCENE QVATRIESME.

CLEARQVE, RVTILE.

CLEARQVE.

LA Lune fauorable en ceste nuict derniere,
A souffert que ma voix la retint prisonniere:
Mes charmes ont terny son bel esclat d'argent:
Et l'ombre qui couuroit mon trauail diligent,
A permis que ma main plus forte que les autres,
Ait receu des demons ce que ie mets aux vostres:
Voyez si ceste couppe est agreable aux yeux;
Autant que le metal, l'ouurage est precieux.

RVTILE.

O que ie dois benir ton heureuse venuë!

CLEARQVE.

Ma bonne volonté ne vous est pas connuë:

####### DEGVISÉ.
Mais le temps fera voir quelle est mon amitié.
####### RVTILE.
Ie vay cacher ma part, & garder ta moitié.
####### CLEARQVE.
Allez, retirez vous, quelqu'vn vient de descendre:
####### RVTILE.
Ma main dépite Argus de la pouuoir surprendre:
####### CLEARQVE.
Si seras tu surpris, ou ie perdray le iour: Il dit ce
Trauaillons, i'apperçois l'object de mon amour.   vers
                  tout
                  bas.

SCENE CINQVIESME.

ARGENIE, PHILISE, CLEARQVE.

ARGENIE.

Vois auec quelle grace est sa main occupée;
Moins propre à ce mestier, qu'à celuy d'vne espée:
Que fais tu mon amy?

CLEARQVE.

Ie cultiue des fleurs,
Dont la diuersité n'estale ses couleurs,
Qu'à dessein d'agreer au plus bel œil du monde:

ARGENIE.

Tu parles du Soleil, il faut qu'il te responde.

CLEARQVE.

Ce propos les offence, on ne le peut souffrir:
Pour se iustifier, elles viennent s'offrir:

Il luy presente vn bouquet.

Trop heureuses pourtant si vous daignez connoistre,
Qu'elles meurent pour vous, qui les auez faict naistre.

ARGE-

DE'GVISE'.
ARGENIE.
O Dieux qu'il est ciuil!
CLEARQVE.
qui me l'auroit appris?
Ce n'est pas dans les bois qu'on forme les esprits:
Et dedans ce seiour (priuez de connoissance)
Nous auons fort peu d'art, & beaucoup d'innocence.
ARGENIE.
Mais tu iuges pourtant des obiects de ces lieux:
CLEARQVE.
Nous n'auons point d'esprit, mais nous auons des
    yeux.
ARGENIE.
Qu'inferes tu de là?
CLEARQVE.
Qu'il faut estre sans veuë,
Aupres de la beauté dont vous estes pourueuë,
Pour rester sans merueille; & ne connoistre pas,
Que rien dans l'Vniuers n'esgale vos appas:
L'ame la plus grossiere en estant bien capable,
En paroistre ignorant, c'est paroistre coupable.
PHILISE.
Quoy nourry dans les bois, & raisonner ainsi!
C'est vn sorcier, Madame, esloignons nous d'icy.
E

LE PRINCE
ARGENIE.
Ton discours me rauit, & me donne l'enuie,
De sçauoir au certain le succez de ta vie.
CLEARQVE.
Ha Madame perdez ce desir curieux!
L'astre qui me gouuerne est trop capricieux;
Le recit des malheurs n'a rien qui n'importune,
Et ie vous desplairois autant que ma fortune:

Ces vers ont vn double sens. Ie cache mon destin, & d'où ie suis venu,
M'estant aduantageux de n'estre pas connu.
ARGENIE.
N'importe Policandre à qui tu dois ton estre:
Ie ne m'informe point de ceux qui t'ont faict naistre:
Leur deffaut sert de lustre à ta perfection,
I'aime ceste fontaine auecque passion:
Son onde prend du marbre vne couleur d'iuoire,
Qui resueille ma soif; mais ie n'ay rien pour boire.
CLEARQVE.
Vostre Altesse se donne vn moment de loisir.
ARGENIE.
Dieux que son entretien m'a causé de plaisir!
Ie ne voy qu'à regret finir ceste iournée:
PHILISE.
Madame, en verité i'en demeure estonnée:

DEGVISÉ.
Le voicy de retour, qu'est-ce qu'il a trenué?

CLEARQVE.
Ce vase n'est pas beau, mais il est bien laué: *Il laue la*
Vostre Altesse y peut boire. *coupe à la fontaine.*

ARGENIE.
     Ha tu luy fais outrage! *Elle dit*
Et ie ne veis iamais vn si parfaict ouurage. *cela apres auoir beu.*

CLEARQVE.
La Gaule (mon pays) a mille ieux diuers,
Où ie gaignay ce prix, à reciter des vers.

ARGENIE.
Ne t'en souuient-il point?

CLEARQVE.
     I'en garde la memoire:

ARGENIE.
Me les voudrois tu dire?

CLEARQVE.
     Ha ce m'est trop de gloire!
(Courage heureux amant, tout va bien iusqu'icy) *Il dit ces*
Et pour vous obeïr (Madame) les voicy, *vers tout bas.*

E ij

STANCES.

AV doux climat de la Grece,
Vn ieune Prince amoureux,
Qui n'osoit voir sa Maistresse,
Prit vn dessein dangereux:
Pour approcher de la Belle,
Qu'vn malheur faisoit rebelle,
A tant de fidelité;
Pressé du traict qui le picque,
Dessous vn habit rustique,
Il couurit sa qualité.

La fortune fauorable,
Pour tesmoigner son pouuoir,
A ceste Nimphe adorable,
L'offrit, & fit receuoir:
Ainsi souz l'habit champestre,
D'vn troupeau qu'il meine paistre,
Prenant le soin chaque iour;
Il foule aux pieds la Couronne,
Que sa naissance luy donne,
Pour auoir celle d'amour.

Il viuoit de ceste sorte,
Plein de gloire & de plaisir;
Mais d'vne esperance morte,
Il fit renaistre vn desir;
Qui sollicita son ame,
De faire esclatter la flame,
Qui le priuoit de repos:
Il crût ce conseil fidelle;
Si bien que s'approchant d'elle,
Son cœur luy tint ces propos.

Nymphe, prenez connoissance
D'vn sort qui n'est assez doux;
Puisque ie tiens la naissance,
Du sang des Dieux comme vous:
Mais si la metamorphose,
Que fait celuy qui dispose
D'vn cœur qui vous est donné,
Desplaist à l'œil de Siluie:
Ce cœur va perdre la vie,
Dés qu'il l'aura condamné.

E iij

Ie suis..... il ferme la bouche,
Sur le point de se nommer :
O quelle crainte le touche!
Et qu'on la doit estimer!
Il souffre la violence
Du respect & du silence,
Il paroist pasle, & transi:
Et sans dire si la Belle,
Fut pitoyable, ou rebelle,
L'histoire finit ainsi.

ARGENIE.

Ha qu'il recite bien! qu'il entend bien la rime!
Et qu'vn vers a de force, à l'instant qu'il l'anime!
Adieu, la nuict s'approche, il se faut retirer:

CLEARQVE.

Tout plaisir violent ne peut long temps durer,
Amour, que de douceur i'espreuue en ton Empire!
Sans doute elle a compris ce que ie voulois dire:
Mais tréfue d'allegresse, ou cachons-la si bien,
Que celle qui me suit n'en apperçoiue rien.

SCENE SIXIESME.

Melanire, Clearque.

Melanire.

Parlons, il en est temps; honneur c'est trop me taire: *Elle dit ces vers bas.*
Et quoy, tousiours pensif, resueur, & solitaire?
Tousiours dans les thresors y borner ses desirs,
Et mespriser pour eux tous les autres plaisirs?
Ne regarder de sein, que celuy de la terre?
Pardonnez, beau Sorcier, si ie vous fais la guerre;
Mais cette humeur sauuage est autant à blasmer,
Comme celle qui parle est capable d'aimer.

Clearque.

Quelque soin que ie donne à ce metal si rare,
Vous me connoissez mal, en me croyant auare:
Puisque ie suis content, ce que i'ay me suffit:
Si ie cherche de l'or, c'est pour vostre profit.

MELANIRE.

Que mon mary brutal en soule son enuie,
Mais il ne sert de rien au repos de ma vie;
Et si vous ne donnez que cela seulement,
Ie receuray de vous peu de contentement.

CLEARQVE.

Que peut vn malheureux, que la fortune afflige?

MELANIRE.

Mais que ne peut-il point, si sa faueur m'oblige?

CLEARQVE.

Que voulez-vous de moy, qui n'ay rien à donner?

MELANIRE.

Es-tu si peu sçauant en l'art de deuiner?
Remarque mes souspirs, & sans que ie le die,
Affin de me guarir, connois ma maladie.
Mes yeux parlent assez; mon cœur te dit par eux,
Puis que tu n'aimes point, qu'il est trop amoureux.
Connois-tu ma douleur? vois-tu mon ame ouuerte?
Es-tu sourd comme aueugle? as-tu iuré ma perte?

Et

DE'GVISE'.

Et conseruant ta glace auprés de mon ardeur,
Seras-tu sans courage, où ie suis sans pudeur?

CLEARQVE.

Ie commence à sentir ma raison endormie:
Il faut vaincre en fuyant cette belle ennemie.

Il s'en va.

MELANIRE.

Tu fuis donc insensible, & superbe vainqueur,
Au lieu de receuoir les offres de mon cœur?
Ton mespris insolent fait gloire de ma honte?
Tu m'entens souspirer, tu n'en fais point de conte?
Tu restes sans pitié? tu ris de mon tourment?
Et ne m'assistes pas d'vn regard seulement?
Et moy i'adorerois vn tygre, vne statuë?
Non, despit, oste-moy le venin qui me tuë:
C'en est fait, fuy demon, qui m'as voulu trahir;
Ie ne veux plus aimer, ce que ie dois haïr.

F.

ACTE TROISIESME.

CLEARQVE, MELANIRE, LISANDRE,
FLORESTOR, RVTILE, ARGENIE,
PHILISE.

SCENE PREMIERE.

CLEARQVE, LISANDRE, FLORESTOR.

CLEARQVE.

LE signal est donné, respondons-y; Lisandre, Florestor,

Ils frappent des mains par dessus la muraille du jardin.

LISANDRE.
Monseigneur,

CLEARQVE.
Ie vous ay faict attendre;

DEGVISE.

Mais il falloit vser des faueurs de la nuict,
Et semer à dessein d'en recueillir le fruict.

Il estend de pierre-ries qu'à cachéer.

LISANDRE.

Le peril eminent où l'amour vous expose,
Ne veut (non plus que moy) que Florestor repose,
Et nous venons tous deux (esgaux en sentimens)
Prendre vn ordre nouueau de vos commandemens.

CLEARQVE.

Vos soins sont obligeans, mais non pas necessaires:
Quiconque a du bon-heur, ne craint point d'aduersaires;
Tout succede à son gré, rien ne peut s'opposer;
Et pour estre content, il ne luy faut qu'oser.

LISANDRE.

Vostre Altesse sçauante aux coups de la fortune,
Trouuera-t'elle bon que ie l'en importune?
Et qu'vne fois encore ie l'oblige à songer,
Qu'elle est tousiours fortune, & subiecte à changer.

CLEARQVE.

Quand on est embarqué, tout depend du courage:
Il faut aller au port, ou perir dans l'orage;

F ij

LE PRINCE

Retourner sur ses pas, est trop de lascheté;
Et le iour à ce prix, seroit trop achepté.

LISANDRE.

Pensez que les desseins qu'executent les Princes,
Font tousiours de l'esclat en toutes les Prouinces,
Et que vostre depart que l'on sçait en ces lieux,
De tant de gens deceus, peut dessiller les yeux.

CLEARQVE.

Lisandre, ie rirois si i'estois sans contrainte:
On ne m'esbransle point par l'obiect de la crainte;
Me monstrer vn peril, c'est y porter mes pas,
Quand ce chemin d'honneur, le seroit du trespas.

LISANDRE.

Ie sçay que le respect m'impose le silence,
Mais mon mal pour se taire a trop de violence;
Souffrez donc (Monseigneur) que ie vous dise encor,
Qu'il faut viure en Achille, & mourir en Hector:
Estonner de nos coups l'ennemy qui nous tuë;
S'enterrer souz vn pan de muraille abatuë;
Arrouser son sepulcre, & de sang, & de pleurs;
C'est là qu'il faut mourir, & non parmy des fleurs.

Iugez lequel vaut mieux pour vostre renommée,
De dresser vn parterre, ou ranger vne Armée;
De paroistre en Monarque, à qui tout est soubmis,
Ou d'estre sans deffence aux mains des ennemis:
Mon zele est indiscret; mais ce qui me le donne,
Mon deuoir, mon amour, valent qu'on luy par-
donne.

CLEARQVE.

O que cette colere est d'vn amy parfaict!
En connoissant la cause, on excuse l'effect:
I'aime cette franchise, elle est extr'ordinaire;
Elle part d'vn esprit qui n'est point mercenaire;
Qui ne sçait point flatter, ny desguiser sa voix,
Pour chatoüiller le cœur, & l'oreille des Rois.
Certes la verité que mon ame reuere,
Se peut bien appeller vne beauté seuere:
Ie la connois, Lisandre, elle est de ton costé;
Mais de l'escouter plus, tout moyen m'est osté:
Auecque la raison, vn tiran l'a bannie:
Ie les aime beaucoup, mais bien plus Argenie:
Et malgré leurs discours, & leur seuerité,
Ie quitte pour ses yeux, raison, & verité.

F iij

LE PRINCE

LISANDRE.

Pour guerir vostre mal, enleuez qui le donne:

CLEARQVE.

Ie veux auoir son cœur, & non pas sa Couronne:
Ce conseil violent ne plaist point à ma foy:
Il faut qu'Amour la prenne, & la force pour moy:
Et ie l'ose esperer; retirez vous Lisandre,
Ne me respondez point, quelqu'vn nous vient sur-
     prendre;
Adieu, separons nous:

LISANDRE.

      Fascheux commandement,
Ie le laisse en danger, & m'en vay laschement.

DE'GVISE'

SCENE SECONDE.

RVTILE, CLEARQVE.

RVTILE.

ET bien cher Policandre, aurons nous ces mer-
ueilles,
Dont vous m'auez rauy le cœur par les oreilles?
Le demon fauorable, ou vaincu par vos vers,
Laissera-t'il dans peu tous ces thresors ouuers?
L'ame par ce que i'ay loing d'estre contentée,
Voit son desir plus grand, & sa soif augmentée :
L'or ce metal sorcier, d'vn merueilleux pouuoir,
A faict que plus i'en ay, plus i'en voudrois auoir.

CLEARQVE.

Mon maistre, asseurez vous que dans peu l'energie,
De tant de mots sacrez, qu'enseigne la magie,
Forcera les demons de remettre en vos mains,
Plus de bien, qu'on n'en voit au reste des humains.

Des tables d'or maßif, des vases, des statuës,
De perles, de rubis, superbement vestuës;
Des Throsnes d'emeraude, & des montagnes
    d'or:

RVTILE.

Que ne les auons nous, que tardez vous encor?

CLEARQVE.

Sçachez qu'il nous faut ioindre auecque ma scien-
   ce,
Le secours du loisir, & de la patience :
Tout aspect n'est pas bon pour ce mistere icy;
Le Ciel est trop serein, par fois trop obscurcy;
La Lune en son decours, fera mal son office;
L'enfer sourd à ma voix, demande vn sacrifice;
Vne herbe, vne racine, vne fleur, vn metal,
En ne se trouuant point, me rendent tout fatal:
Il faut recommencer l'œuure presqu'acheuée;
Et i'en connois la peine, elle m'est arriuée.
Mais voyez cependant vn simple coup d'essay
Du pouuoir de mon art, & de ce que i'y sçay:
Mettez vous dans ce cerne:

RVTILE.

DEGVISÉ.

RVTILE.

Ha bons Dieux ie frissonne!

CLEARQVE.

Sur peine de mourir ne parlez à personne;
Laissez moy trauailler pour nostre commun
  bien;
Mais en vostre faueur, il n'apparoistra rien.
Il en tient comme il faut, la dupe est estonnée. *Il dit ce*
Grande sœur de celuy qui mesure l'annee, *vers tout*
Ecate au triple nom, qui vas dans les enfers, *bas.*
Arrache en ma faueur, vn demon de ses fers;
Ouure par tes rayons les portes de l'Auerne.
Afin qu'il ouure apres ceste riche cauerne,
Où tant d'or autrefois se veit enseuelir:
Ainsi iamais sorcier ne te face paslir;
Ainsi le beau pasteur que ton esprit adore,
Ne se puisse endormir, qu'au resueil de l'Aurore;
Ainsi son vieil espoux ronfle profondément,
Afin que tu sois libre en ton contentement.
Le charme est acheué, prenez cecy Rutile; *Il luy*
Quoy le genoüil vous tremble, & le front vous di- *baille*
  stille?   *quelques*
    pierre-
    ries.

G

LE PRINCE

RVTILE.

La crainte m'a saisi:

CLEARQVE.

Vous en serez vainqueur:
L'or à ce qu'on m'a dit est fort bon pour le cœur.
Allons, retirez vous, car la Lune esclaircie,
Semble me demander que ie la remercie.

SCENE TROISIESME.

MELANIRE.

Restes impertinens d'vn feu trop allumé,
Abandonnez mon cœur, puis qu'il est consumé:
Si ie manque d'espoir, vous manquez de matiere;
Il faut que malgré vous ma raison reste entiere;
Il faut qu'elle triomphe, ou que l'eau de mes pleurs,
En esteignant mes iours, esteigne vos chaleurs.
Quittons cette fureur dont nostre ame est guidée:
Sors, sors de mon esprit, belle & fascheuse idée,
Permets que la raison face enfin son deuoir,
Et ne me monstre plus, ce qu'on ne peut auoir.
I'attaque vainement vn fort inaccessible;
Ie n'ay de sentimens, que pour vn insensible;
Dieux, vn mal si cruel doit il long temps durer?
Apres ce que i'ay veu, puis-ie encor esperer?
Non, non, pensers flatteurs, vous abusez mon ame:
Vn glaçon est tousiours incapable de flame;
Sans changer de nature il ne sçauroit changer;

Et mon seul reconfort consiste à me vanger.
Vangeons nous donc mon cœur, mettons tout en vsage,
Et destournons les yeux d'vn aimable visage;
Mocquons nous des attraits d'vn monstre déguisé ;
Et te souuiens enfin comme il t'a mesprisé.
Aussi bien vn soupçon m'entre en la fantaisie;
Auecque ma fureur i'ay de la ialousie,
Ce n'est pas sans sujet que ie la porte au sein;
Ce Sorcier m'est suspect de quelque grand dessein:
Ces charmes faicts de nuict, & tant d'or qu'il nous
       donne,
Tesmoignent vn project dont la fin n'est pas bonne:
Ie n'ay point vn visage à souffrir du mespris;
Sans doute vn autre object engage ses esprits:
Descouurons ce qu'il faict, quoy qu'il en reüssisse,
Il faut absolument que ie m'en esclaircisse:
Le voicy, cachons nous; voyons où le conduit,
Ce mystere secret, qui demande la nuict.

SCENE QVATRIESME.

CLEARQVE.

Delices de l'esprit, object de la pensée,
Agreable trompeur de mon ame insensée,
Espoir doux & charmant, venez m'entretenir,
De la gloire presente, & de l'heur à venir.
De quelque vain discours que vous flattiez ma flame,
Espoir, ie vous escoute, & vous ouure mon ame;
Augmentez mon ardeur, accroissez mes desirs,
Et dans des maux si vrais, meslez de faux plaisirs,
I'aimeray mon erreur comme vostre mensonge;
Et seray trop heureux en faisant vn beau songe :
Car qui peut meriter d'obtenir en effect,
La glorieuse fin du dessein que i'ay faict?
Mais qu'est-ce que ie voy soubz ce feuïllage sombre?
Ne m'abusay-ie point par l'espoisseur de l'ombre?
C'est l'Infante elle mesme; O quel estonnement!
Dois-je croire à ma veuë en cét euenement?
A cette heure au iardin! non, i'ay l'esprit malade:

LE PRINCE

Courons nous toutefois de ceste palissade,
Pour voir si ce fantosme apparu dans ces lieux,
Me trompera l'oreille aussi bien que les yeux.

SCENE CINQVIESME.

ARGENIE, PHILISE, CLEARQVE.

ARGENIE.

Vray-ie peu venir sans esueiller mes femmes?

PHILISE.

Toutes par le sommeil sembloient des corps sans ames,
Hormis la Gouuernante: elle ronfloit si fort,
Qu'en elle, il n'estoit point le frere de la mort.

ARGENIE.

Tant mieux; asseyons nous aupres de la fontaine;
Le murmure en est doux, la nuict est bien seraine;
Les arbres, & la Lune en son teint argenté,
Y font vn beau meslange, & d'ombre, & de clarté:

DÉGVISÉ.

Le silence paisible y regne solitaire;
Mais il le faut bannir, car ie ne me puis taire.

PHILISE.

Madame, il est certain que depuis quelques iours
Vous auez bien changé, de teint, & de discours;
Vostre humeur est plus triste, & ceste inquietude
Vous fait haïr la Cour, aimer la solitude;
Mais inutilement i'ay tasché de chercher,
Le subiet malheureux qui vous a pû fascher.

ARGENIE.

Soucis mordans, pensers, dont la rage affamée,
Deuore incessamment ma pauure ame enflammée,
De grace vn peu de treue; ou permettez au moins,
Apres tant de douleurs, que seule & sans tesmoins,
Quelque souspir m'eschape, en souffrant la torture,
Secret accusateur des peines que i'endure.

PHILISE.

Si vous auez connu ma parfaite amitié;
Separez vos tourmens, donnez m'en la moitié;
Ne vous consumez plus d'vne flame secrette,
Et vous ressouuenez que Philise est discrette.

ARGENIE.

A quoy me sert le throsne où i'ay droit de monter,
Si ie nourris vn mal que ie ne puis dompter?
Si ie porte sous l'or vne ame langoureuse?
Ie suis grande, il est vray, mais pourtant malheureuse.
Que ne m'est-il permis de suiure mon desir,
Auecque peu de pompe, & beaucoup de plaisir?
I'yrois (loing d'vn seiour qui me semble prophane)
De ce Palais superbe à la simple cabane,
Et croirois y treuuer (plus franche de soucy)
Le repos de l'esprit, que ie n'ay point icy.

PHILISE.

Qui vous le peut oster? ie ne le puis comprendre:

ARGENIE.

Deux puissans ennemis, Amour, & Policandre;
O pudeur, sur mon front tu marques mon peché !
Mais c'en est faict pourtant, le mot en est lasché.

PHILISE.

Le sentiment commun condamneroit sans doute,
Vne faute d'amour dont ie vous tiens absoute;

On ne

On ne peut se deffendre, ayant bien combattu,
De la necessité d'estimer sa vertu.
Et puis, qui peut sçauoir si ce n'est point vn Prince,
Que l'amour ait conduit dedans ceste Prouince?
Bien qu'il soit dangereux de se taire & brusler,
Peut-estre le respect l'empesche de parler.

ARGENIE.

Auec ce vain propos tu flattes mon martire:
Dieux, qu'on croit aisément les choses qu'on desire!

PHILISE.

Possible ce discours a de la verité:
Croyez qu'il a bien l'air d'homme de qualité:
Son marcher, son parler, poly, courtois, affable;
Ces vers misterieux qu'il nommoit vne fable;
Ce vase élabouré qu'il osa vous offrir;
Ceste main delicate, & mal propre à souffrir
Le trauail ordinaire à ceux de sa naissance;
Tout cela sans mentir aide à ma connoissance;
Et l'amour qui paroist visible dans ses yeux,
Monstre qu'il est né Prince, ou trop audacieux.

H

LE PRINCE

ARGENIE.

Il est vray que souuent ses regards pleins de flame,
En me faisant rougir, m'ont faict lire en son ame,
J'ay bien veu qu'il aymoit, j'ay bien connu sa foy,
Mais qui peut m'asseurer qu'il soit né Prince?

CLEARQVE.

Princesse en qui le Ciel prodigua ses merueilles,
En qui nature a mis & ses soings, & ses veilles;
Miracle de nos iours, vous ne vous trompez pas,
Croyant en ma faueur que mon sort n'est point bas.
Celuy qui me donna l'ame que ie vous donne,
Me doit enfin laisser son Sceptre & sa Couronne;
Ie les mets à vos pieds, & souz vostre pouuoir,
Donc auecque mon cœur, veüillez les receuoir.

ARGENIE.

Dieux, en cét accident ie ne me puis resoudre!

CLEARQVE.

Et si ie ne dis vray, puisse d'vn coup de foudre,
(Que ma presomption aura bien merité)
Punir le iuste Ciel ceste temerité.

DEGVISE.

Desia depuis long temps, Princesse incompara-
bles,
Mon cœur n'adore rien que vostre œil adorable;
Il espere en craignant, il vit, & meurt d'amour,
Et lors que ie m'esloigne, il reste en ceste Cour.
Enfin ma passion & plus viue, & plus forte,
Que les foibles conseils que la raison apporte,
Me fit prendre vn dessein bien haut, mais bien-heu-
reux,
Ha que n'entreprend point vn esprit amoureux !
Car vostre Altesse a dit, pour ma bonne fortune,
Que ceste affection n'a rien qui l'importune;
Iugez apres cela, si iusques au trespas,
Ie ne dois point baiser les traces de vos pas?
Et si de tant d'amans qui flottent dans le calme,
Aucun a peu gaigner vne aussi belle palme?

ARGENIE.

Pardonnez s'il vous plaist à mon estonnement;
Ie ne sçaurois parler, ny tarder vn moment;
Mais rendez-vous icy demain à la mesme heure:

CLEARQVE.

Pour ne m'y rendre pas, il faudra que ie meure:

H ij

LE PRINCE
*Mais dans le sentiment qui vous faict retirer,
Que me commandez vous Madame?*

ARGENIE.

d'esperer.

CLEARQVE.

Le Ciel en soit loüé, i'ay ce que ie demande :
Viens donc heureux espoir, puis qu'elle le com-
　　mande;
Mais tiens l'estat de gloire où tu te vois monté,
Non pas de ma vertu, mais bien de sa bonté.

SCENE SIXIESME.

MELANIRE.

Enfin i'ay descouuert la cause de ma perte;
Sorcier, malgré ton art i'ay veu ton ame ouuerte,
Ingrat, audacieux, fourbe, meschant, trompeur,
Vn foudre tombera, dont tu n'as point de peur.
Ton orgueil souffrira la peine meritée;
Tu sçauras ce que peut vne amante irritée,
De qui le cœur outré d'vn insolent mespris,
Veut posseder ou perdre vn obiect qui l'a pris.
Quelqu'insigne faueur que ton audace obtienne,
Tu conspires ta perte, en conspirant la mienne;
Ie sçauray me vanger des outrages soufferts,
Et briser ma cadene, en te mettant aux fers.
Prince, ou non, il n'importe à ma iuste allegeance :
I'aurois plus de douceur d'vne illustre vengeance :
Ie le verrois perir d'vn sousrire mocqueur,
Fust-il Roy du Leuant, comme il l'est de mon cœur.

Seruons nous bien du temps; l'occasion est belle:
Si ce cœur est subject, qu'il soit subject rebelle:
L'amour ne deffend rien ; la fureur permet tout;
Poussons donc hardiment le crime iusqu'au bout.

ACTE QVATRIESME.

Lisandre, Florestor, Rosemonde, Anthenor, Melanire, Clearqve, Argenie, Philise, Chœvr de Gardes.

SCENE PREMIERE.

Lisandre, Florestor.

Lisandre.

IL est temps Florestor, d'aller, où nous appelle,
Le soin & le devoir d'vn seruice fidelle :
La nuict nous fauorise, obscure comme elle est,
Et semble prendre part dedans nostre interest :

Sçachons si son Altesse a tousiours ceste enuie,
Qui met dans le peril vne si belle vie;
S'il a besoin de nous, s'il n'a rien aduancé,
Ou s'il voit son destin comme il l'auoit pensé.
Ie ne treuue pour moy que fort peu d'apparence,
A ce que luy promet vne vaine esperance;
Et bien que son grand cœur r'asseure mes esprits,
Ie ne voy point de iour au dessein qu'il a pris.

FLORESTOR.

Helas! braue Lisandre, vne pareille crainte,
Me donne incessamment vne mortelle atteinte;
Ie suis desesperé, quand ie me sens rauir
Le moyen de le voir, l'honneur de la seruir.
Et ie maudis le iour, où l'aueugle fortune,
Le ietta sur ces bords par les mains de Neptune,
Qui traistre aussi bien qu'elle, abaissa son orgueil,
Et le mit dans le port, pour le mettre au cerueil.
Car de tant de soldats, de tant de Capitaines,
Qui furent les captifs de nos armes hautaines,
Le moyen que quelqu'vn ne le connoisse enfin?
Ne luy face esprouuer la rigueur du destin?
En le mettant aux mains d'vne Reine offensée,
Qui le veut immoler à sa rage insensée?

Pour

Pour moy, quand ie regarde où son amour l'a
    mis,
Mon sang reste gelé, ie tremble, ie fremis,
Vne extreme frayeur m'arreste en vne place,
Et mon front est couuert d'vne sueur de glace:
Mon ame est en desordre, & mon esprit confus;
Et ie suis en vn point où iamais ie ne fus.

LISANDRE.

Mais comme a peu souffrir vne entreprise telle,
La prudence du pere? & que n'agissoit elle?

FLORESTOR.

Le Prince est en des lieux où l'on n'a point songé:
Il partit de la Cour sans prendre son congé;
Et fit sçauoir apres, que son ame affligée,
Vouloit par le voyage estre vn peu soulagée,
Qu'il s'alloit diuertir d'vn extreme soucy;
Or comme eust-on pensé qu'il peust entrer icy?
Ny qu'il en eust dessein, veu la mortelle haine,
Qui s'augmente pour luy dans le cœur de la Rei-
    ne?
Et m'ayant deffendu d'en aduertir le Roy,
Le moyen de le croire au terme où ie le voy?
I

LISANDRE.

Tout depend aujourd'huy de la bonté celeste:
Son espoir est douteux, le danger manifeste;
Et s'il ne veut sortir de son enchantement,
Florestor, vous & moy trauaillons vainement.
Mais puisque l'ombre regne, & que chacun repose,
Allons voir si le Prince aura faict quelque chose.

SCENE SECONDE.

ROSEMONDE, ANTHENOR, MELANIRE.

ROSEMONDE.

A bons Dieux! Anthenor, que m'auez vous appris?

ANTHENOR.

Ainsi que vostre esprit, le mien reste surpris.

ROSEMONDE.

Ce prodige incroyable est vne menterie,
Qui nous vient de l'enfer, qu'inspire vne Furie.

ANTHENOR.

Madame, elle m'a dit qu'il est en son pouuoir,
De prouuer ce prodige en vous le faisant voir.

ROSEMONDE.

Certes elle a raison, car aux grandes merueilles,
Il nous faut pour tesmoins les yeux & les oreil-
   les :
Et quelques vrais qu'ils soient, mon cœur morne &
   transi,
Aura peine à les croire, en voyant celle-cy.

MELANIRE.

Si vostre Majesté s'appaise, & se console,
Elle verra bien tost l'effect de ma parole.

ANTHENOR.

Ie vous descouure vn mal que ie pouuois celer;
Mais les loix de l'Estat m'ont forcé de parler:
Loix qu'vn Prince seuere a luy mesme ordonnées,
Et qui n'espargnent point les testes couronnées :
Qui veulent qu'vn tel crime ait sa punition,
Sans excepter de rang, ny de condition.

ROSEMONDE.

O Mere infortunée ! ô fille detestable !
Si tout ce qu'on me dit se treuue veritable,

Quel supplice assez grand suffit à te punir,
D'vn crime qui me tuë à m'en ressouuenir?
Vn simple iardinier satisfait ton enuie:
Ha! cét infame choix te va couster la vie;
Celle dont tu la tiens ne te la peut sauuer:
Car ce crime est trop noir, ton sang le doit lauer.
Et l'ardeur illicite où s'engage ton ame,
Pour te purifier demande vne autre flame;
Qui remplisse d'effroy l'esprit de tous les miens,
Et qui sauue l'honneur du Sceptre que ie tiens;
Qui ne doit point aller en ta main trop polluë:
C'en est faict, il le faut, & i'y suis resoluë;
Qu'elle meure l'infame, & que le chastiment,
Mesure sa rigueur à son aueuglement.
Malgré vous, amitié, dedans ceste aduenture,
L'honneur se trouuera plus fort que la nature;
Icy mon interest le cede à mon deuoir.

MELANIRE.

Madame voicy l'heure où vous les pourrez voir.

ROSEMONDE.

Si ton discours est faux, vois où tu te hazardes: *Elle parle à Anthenor.*
Faites venir Ariste, & quatre de mes gardes,

70　　　Le Prince

Ce nombre suffira pour les saisir la nuict,
Mais que cela se fasse auecque peu de bruict:
Reuenez dans ma chambre, où ie vay vous atten-
　dre:
Suy moy, tu seras pris, ou tu les feras prendre.

SCENE TROISIESME.

Clearqve.

Eureux & doux moment, auance ton re-
　tour,
　　Ramene quand & toy l'obiect de mon a-
　mour.
Fais reuoir à mes yeux la beauté qu'ils ado-
　rent,
Et t'en viens deuorer les soins qui me deuorent:
Si la belle Argenie ose encor sommeiller,
Toy qui m'as esueillé va t'en la resueiller:
Volle de grace Amour vers ma belle ennemie,
Reproche luy pour moy qu'elle est trop endor-
　mie,

Et luy dis qu'vn repos si profond, & si doux,
Sied mal à des esprits que font languir tes coups.
Fais la ressouuenir qu'elle s'est engagée:
Mais non, demeure icy, ma peine est soula-
  gée?
I'apperçoy ma Deesse; ô Ciel en ce transport,
Vn excés de plaisir me donnera la mort:
Sa couleur est desia sur mon visage peinte;
Le veritable amour ne va iamais sans crainte;
Elle suit son espoir; & tousiours le respect,
S'imprime dans mon cœur, à son aimable as-
  pect.

SCENE QVATRIESME.

ARGENIE, PHILISE, CLEARQVE.

ARGENIE.

Ie tremble,

PHILISE.

O quel danger! la valeur signalee!

ARGENIE.

Ouy; ne t'esloigne point; reste dans ceste allée,
Le destin a voulu vous ouurir mon secret,
Mais n'en abusez pas, soyez tousiours discret;
Et m'assurez encor, puisque ie suis sortie,
Comme de vostre amour, de vostre modestie.

CLEARQVE.

Apres ce que ie dois Madame, à vos bontez,
Ie n'agiray iamais que par vos volontez:

Et

Et si i'ay des desirs en ce lieu solitaire,
Ie sçauray par respect, les souffrir, & les taire :
Et sans que vous ysiez d'vn absolu pouuoir,
Ie resteray tousiours aux termes du deuoir.
Aussi bien i'ay desia trop d'heur, & trop de gloire,
D'occuper quelque lieu dedans vostre memoire,
Apres vn bien si grand, où pourrois-ie aspirer?
Qui possede cet heur n'a rien à desirer.

ARGENIE.

Suiuant de la vertu les traces adorables,
La raison & l'amour seront inseparables;
Et ie seray rauie, & vous serez charmé,
Sy vous vous contentez d'aimer, & d'estre aimé.

CLEARQVE.

Ma flame tient du lieu dont elle est animée;
Ie nourris vn grand feu, mais il est sans fumée :
Et loing de me donner vn sentiment abiect,
Il est pur & diuin, ainsi que son obiect.

ARGENIE.

Ha! certes, ce propos est digne d'vn grand Prince,
Qui sçait regir son cœur ainsi que sa prouince;

K

LE PRINCE
Qui sçait donner des loix aux iniustes desirs,
Moderer sa puissance, & reigler ses plaisirs.

CLEARQVE.

Ie n'en ay pas l'esprit, mais i'en ay bien le grade:

ARGENIE.

Tant s'en faut, c'est l'esprit qui me le persuade:
Mais dites vostre nom:

CLEARQVE.

ie ne puis reculer,
Il faut viure ou mourir, se resoudre, & parler:
Princesse, vous sçaurez.....

SCENE CINQVIESME.

ROSEMONDE, ANTHENOR, ARISTE, MELANIRE, CHŒVR DE GARDES, ARGENIE, CLEARQVE, PHILISE.

ROSEMONDE.

Qv'est-ce que tu regardes?
Dieux! tu n'as que trop veu; prenez-les tous deux,
Gardes.

ARGENIE.

Nous sommes descouuerts:

CLEARQVE.

pourquoy la prenez-vous?
Moy seul dois ressentir l'effect de ce courrous.

ROSEMONDE.

Qu'on les meine à sa chambre : ô douleur excessiue!
Faut-il que ie te souffre, & que ie reste viue?

K ij

MELANIRE.

L'aise de la vangeance occuppe tous mes sens,
Ie ne sçaurois la dire ainsi que ie la sens ;
Orgueilleux, tu sçauras qu'une femme en colere,
Est capable de tout, quand elle ne peut plaire.

PHILISE.

Ha Ciel, quel accident! ô bons Dieux quel malheur!
Mais Philise, tais-toy; resiste à la douleur,
Et sauue ton esprit de l'ennuy qui le presse,
Puis qu'on ne te void point, pour sauuer ta Maistresse.

SCENE SIXIESME.

LISANDRE, FLORESTOR.

LISANDRE.

Le signal faict en vain me donne de l'effroy:

FLORESTOR.

Passant en vostre cœur, il vient iusques à moy.

LISANDRE.

Certain bruict entendu, forme vne conjecture,
Qui me dit que le Prince est dans quelque aduentu-
  re,
Où ie tiens qu'auiourd'huy ce grand cœur se per-
  dra:
Frappez encore vn coup, pour voir s'il respondra.
Voicy la mesme place, & le temps ordinaire:
Sans doute mon soupçon n'est point imaginaire;
On l'aura descouuert.

Le Prince

FLORESTOR.

ie le crois asseuré:
Mais qu'auecque le Ciel, l'enfer soit coniuré,
Que pour nostre malheur l'vn & l'autre conspire,
Il faut que ie me perde, ou que ie le retire.
Sautons dans le iardin, & sans plus discourir,
Ayons l'honneur de vaincre, ou celuy de mourir.

LISANDRE.

Sçachez quand il faut rendre vn seruice fidele,
Que ie ne manque point ny de cœur, ny de zele,
Ie voy bien le peril, mais sans estonnement:
Regardez Florestor de l'œil du iugement,
Dequoy pourra seruir nostre foible assistance ;
A ce coup de malheur, opposez la constance;
Faisons la guerre à l'œil, quoy qu'il puisse arriuer;
Et s'il nous faut mourir, mourons pour le sauuer.

FLORESTOR.

Pardonnez-moy Lisandre, vn discours qui vous fasche:

LISANDRE.

Le iour nous monstrera ce que la nuict nous cache:

DE GVISE.

Nous sçaurons plus au vray le succez aduenu;
Vueillent les Dieux tous bons, qu'il ne soit pas cõ-
  nu ;
Car si les immortels sont sourds à ma priere,
Ce funeste iardin sera son cimetiere :
La fureur de la Reine esclattera sur luy;
Et certes de leur main tout despend auiourd'huy.

FLORESTOR.

Resolu de mourir si nostre attente est vaine,
Sçachez que son tombeau le sera de la Reine.

SCENE SEPTIESME,

ROSEMONDE, ANTHENOR, ARGENIE, CLEARQVE, PHILISE, ARISTE' Chœvr de Gardes.

ROSEMONDE.

Vis qu'il me faut punir ce que ie viens de voir,
Lisez vn peu la Loy qui m'en donne pouuoir.

ANTHENOR.

Lors qu'vn Roy sera pris de la Parque meurtriere,

Il lit dãs vn gros volume. S'il ne laisse en mourant qu'vne fille heritiere,
Nous voulons que la vefue ait tousiours en la main,
Le Sceptre qui luy donne, vn pouuoir souuerain,

Iusqu'à

DE'GVISE'.

Iusqu'à tant que l'Himen acheuant sa tutelle,
Mette dedans le Throsne vn Prince digne
d'elle.

ARGENIE.

Permettez-moy de dire à vostre Majesté,
Qu'ainsi vostre pouuoir se treuue limité,
Et que la Loy me donne à regir cét Empire,
Puis qu'on voit à mon chois tout ce que ie desire.

ROSEMONDE.

Le chois d'vn Iardinier! Dieux, qui n'en rougira?
Poursuiuez:

ANTHENOR.

Des amans, qui le premier aura
Mostré la sale ardeur qu'il nourrissoit en l'ame,
Afin de le punir, qu'il meure dans la flame.

ROSEMONDE.

Auez vous entendu ce que porte la Loy?
Respondez-y tous deux:

CLEARQVE.
ce fut moy,

ARGENIE.
ce fut moy.

LE PRINCE
ANTHENOR.

Glorieuse dispute, honorable mensonge,
Ou plustost verité, qui paroist vn beau songe.

CLEARQVE.

De nos deux qualitez, faites comparaison,
Et puis vous connoistrez qui de nous a raison;
Le moyen qu'vne fille ait eu cette asseurance?
Elle faict vn discours qui n'a point d'apparence :
Son grade & ce propos se vont contredisant:
Si son cœur a peché, c'est en s'en accusant:
Ce fut moy qui premier descouuris mon enuie;
Faites donc que ma mort luy conserue la vie;
Soyez iuste & clement, & comme vostre rang,
Madame, conseruez les sentimens du sang.

ARGENIE.

Non, non, n'escoutez point la fureur insensée,
Qui parle par sa bouche, & trahit sa pensée:
En se voulant charger de mon sort rigoureux,
Il n'est point criminel, mais il est amoureux;
Et quelque vain effort que son amitié face,
Iugez qui des mortels auroit bien eu l'audace

D'oser me descouurir ses feux & sa langueur,
Si pour voir son esprit, ie n'eusse ouuert mon cœur;
Et conçeuant premiere vne flame eternelle
Il demeure innocent, & ie suis criminelle?
A moins que d'estre iniuste on ne peut l'atta-
quer;
Et le decret des Loix ne se peut reuoquer.
Qu'il eschappe, qu'il viue, & que l'Infante meu-
re :
Elle ne peut auoir de fortune meilleure:
Elle meurt sans douleur; & son esprit charmé,
Cessant de viure en soy, vit en l'objet aimé.

CLEARQVE.

Est-ce ainsi qu'on tesmoigne vne amour mutuel-
le ?
Vous pensez m'estre douce, & vous m'estes cruelle.

ARGENIE.

Celuy qui me cherit, me veut-il affliger?

CLEARQVE.

Vous me desobligez, en croyant m'obliger.

L ij

ARGENIE.

C'est à vous d'obeïr sans faire resistance :

CLEARQVE.

C'est à moy de mourir, pour preuuer ma constance.

ARGENIE.

Vous enuiez mon heur,

CLEARQVE.

Vous haïssez mon bien :

ARGENIE.

Policandre;

CLEARQVE.

Madame, & quoy, ne puis-ie rien ?
Puis que ie suis heureux, que ie cesse de viure;

ARGENIE.

Mon esprit en partant, vous permet de le suiure.

DE'GVISE'.

Mais ne combattez plus contre la verité.

CLEARQVE.

Madame, vous sçauez qu'elle est de mon costé.

ROSEMONDE.

O dieux! par quel moyen vaincrons nous cét obstacle?

ANTHENOR.

La prudence des Loix, a preueu ce miracle,
Oyez touchant cela ce qu'elle met au iour.

S'il arriue par fois que la force d'amour,   Il continuë de
Oppose aux yeux de tous l'espoisseur d'vne lire.
    nuë,
Et que la verité ne soit pas bien connuë,
Qu'ils soustiennent tous deux auoir premier
    peché,
Pour connoistre l'autheur de ce crime ca-
    ché;
Nous voulons en ce cas, que le combat le
    preuue;
Et leur donnons huict jours, à dessein qu'il se
    treuue

L iij

Suiuant le cry public, & faict en chaque
endroit,
Vn guerrier qui defende, & conserue leur
droit;
Afin que le vainqueur descouurant le cou-
pable,
Rende par sa valeur, nostre arrest equitable.
Que si l'vn d'eux en manque,& que l'autre en
ait vn,
Nous defendons de faire, vn chastiment
commun,
Voulons que l'assisté s'exempte du supplice,
Mais que n'en ayant point, l'vn & l'autre
perisse.
Voila ce que les Loix disent sur ce subject.

ROSEMONDE.

Ostez moy ce funeste & desplaisant object;
Ie meurs en les voyant, & mon esprit s'egare:
Qu'on les meine au donjon, faites qu'on les separe,
Et que Philise seule ait droit de la seruir.

CLEARQVE.

C'est me rauir le iour, que de me la rauir;

DE'GVISE'.

Ie me meurs, ie suis mort, ie suis vn corps sans
  ame,
Laissez vous vaincre enfin, vueillez viure, Madame.

ARGENIE.

Ie sçay trop bien aimer, pour auoir ce soucy;
Et tu me blasmerois, si i'en vsois ainsi.

ROSEMONDE.

O constance admirable, autant qu'elle est es-
  galle !
Prodige, qu'vn rustic ait vne ame Royalle !
Qui ne s'ebransle point, par l'object du danger!
Qui se tient tousiours ferme, & qu'on ne peut
  changer !
Qui se mocque du feu, dont on voit la fumée!
Et qui ne craint la mort qu'en la personne ai-
  mée !
Certes nature eut tort qu'elle ne mit en toy,
Ainsi que la valeur, la qualité de Roy.
Que ie porte en l'esprit vne douleur amere!
Ie suis Reine, il est vray ; mais pourtant ie suis
  Mere.

Et de quelque discours que ie flatte mon dueil,
Ie songe à son berceau pensant à son cerueil:
Helas ie n'en puis plus, en vain ie m'éuertuë;
Fille, ie t'ay faict naistre, & ta faute me tuë.

ACTE

ACTE CINQVIESME.

CLEARQVE, ARISTE, ARGENIE, PHILISE, LISANDRE, FLORESTOR, MELANIRE, RVTILE, ROSEMONDE, ANTHENOR, CHŒVR DE COVRTISANS, CHŒVR DE PEVPLE, CHŒVR DE TROMPETTES, ARMILE, IVGES DE CAMP, THEOTIME, ARCHANE.

SCENE PREMIERE.

CLEARQVE, ARISTE.

CLEARQVE.

Braue Ariste, sçachez qu'en ces tourmens of- *Il est en prison.*
ferts,
Ie benirois la flame, & cheriroi mes fers,

M

Si mon amour pouuoit (secondant mon attente)
Espargner par mon sang, celuy de vostre Infante.
Ie ne regarde qu'elle en ce coup de mal'heur,
Et le soing de mes iours ne fait pas ma douleur.
Que la Reine en colere inuente des tortures,
Qu'on me face endurer les peines les plus dures,
Qu'on lasse les bourreaux en me persecutant,
Ie souffriray sans pleindre, & ie mourray content;
Pourueu que faisant voir son ardeur infinie,
Mon cœur se puisse perdre & sauuer Argenie;
Ce trespas glorieux, n'auroit que du plaisir;
Et certes il est seul l'obiect de mon desir.

ARISTE.

Genereux estranger, croy que c'est auec peine,
Que ma charge m'oblige à ce que veut la Reine:
Ie plains ton infortune, & loing de te blasmer,
Ton extreme valeur me contrainct à t'aimer,
Ie voy par la raison, considerant ta faute,
Qu'il faut pour la commettre, auoir vne ame haute.
Et si dessous le faix tu restes abbatu,
C'est manque de bon-heur, & non pas de vertu.

CLEARQVE.

Plût à ce Dieu puissant qui faict naistre ma flame,
Qu'vn rayon de pitié vous peust entrer en l'ame,
Que le sort d'Argenie, & non pas mes tourmens,
Afin de la sauuer, esmeust vos sentimens :
Et qu'il me fust permis espousant sa querelle,
De m'offrir contre moy, pour combattre pour elle ;
Mais auec vn serment obserué sans mentir,
De rentrer en prison, l'en ayant faict sortir.

ARISTE.

Supposé qu'on le fist, tu perdrois ta Maistresse,
Non manque de valeur, mais à faute d'adresse :
Ton mestier & le nostre ont des regles à part.

CLEARQVE.

On doit tousiours donner quelque chose au hazard ;
Et puis, courtois Ariste, il faut que ie vous die,
Que ma main est adroite autant qu'elle est hardie :
Ouy, ie leue le masque, & ie vous fais sçauoir,
Que ie ne suis pas nay ce que ie me fais voir.

En nob'esse de sang ie ne cede à personne;
Et le rang que ie tiens m'acquiert vne Couronne.
Mais la force d'amour, qui regne absolument,
M'a fait resoudre enfin à ce déguisement.
Que si pour mieux aider à vostre cognoissance,
Et vous preuuer par là que telle est ma naissance,
Vous vouliez receuoir quelques ioyaux offerts,
Il luy montre des pierreries. Et souffrir que de l'or me deliurast des fers,
Ie vous en donnerois; mais loing de l'entreprendre,
Ie tiens vostre courage incapable d'en prendre,
Et ce que mon pouuoir vous promet maintenant,
C'est de vous esleuer plus haut que Lieutenant,
De vous donner vn grade en la Cour de mon pere,
Qui vous fera benir la faueur que i'espere,
Et qui vous fera voir, mesme apres mon trespas,
Que si quelqu'vn me sert, il ne s'en repent pas.
Ie dis apres ma mort, car ie ne veux plus viure,
Si par vostre moyen l'Infante se deliure;
Et sans vous asseurer au gage de ma foy,
Ordonnez des soldats qui respondent de moy:
Afin qu'apres auoir satisfaict mon enuie,
Si le combat offert me laisse encor en vie,
Ie vienne me remettre en l'estat où ie suis,
Et vous tirer de peine, en me tirant d'ennuis.

ARISTE.

Ce deſſein genereux que nul autre n'égale,
Preuue bien clairement que voſtre ame eſt Royale;
Ie le voy, ie le crois, & ie me ſens rauir
Celuy que i'auois faict de ne vous pas ſeruir.
Voſtre vertu me force à vous eſtre propice;
Bien que ce haut projet me monſtre vn precipice;
Et de mes compagnons diſpoſant abſolu,
Vous ſortirez Monſieur, ſi i'y ſuis reſolu.
C'eſt l'vnique moyen de ſauuer la Princeſſe:
Car le peuple qui croit voſtre feinte baſſeſſe,
La meſpriſe, la hait, & la verra ſouffrir,
Sans que pour ſon ſubiect aucun ſe vienne offrir.

CLEARQVE.

Sauuons la braue Ariſte, allons ſecher ſes larmes.

ARISTE.

Mais ſi ie le permets, où prendrez vous des armes?

CLEARQVE.

Mon Eſcuyer m'en garde en vn bourg prés d'icy.

ARISTE.

Sortons, vous le voulez, & ie le veux auſſi.

M iij

Ma faute à mon aduis n'eſt pas fort criminelle :
Mais ſouffrez que ie parle à voſtre ſentinelle,
Afin que par cét or que vous m'auez offert,
Ainſi que le chemin, ſon cœur vous ſoit ouuert.

CLEARQVE.

Ha ! que ne dois-ie point pour vn ſi bon office !

ARISTE.

Mais veüillez recueïllir le fruict de mon ſeruice,
Et ſans vous amuſer en diſcours ſuperflus,
Vous eſtant preſenté, ne vous renfermez plus :
Et ceſte chere Infante à bon port arriuée,
Songez à vous ſauuer apres l'auoir ſauuée :
Où ferons nous retraicte, eſtant lors dégagez ?

CLEARQVE.

Vous le ſçaurez bien toſt, & qui vous obligez.

SCENE SECONDE.

ARGENIE, PHILISE.

ARGENIE.

Laisse enfin à l'Amour le soing de me con- *Elle est*
duire: *en pri-*
son.
Voyons si la fortune est lasse de me nuire;
Et puis que ton courage ose tout hazarder,
Faytes derniers efforts, pour me faire euader.
Ce n'est pas que mes soings regardent ma personne,
Et tu me cognois mal si ton cœur m'en soupçonne :
Vn plus noble dessein occupe mon penser;
Mais le peril nous presse, il le faut deuancer.
As tu veu Clorian ? me sera-t'il fidelle ? *C'est son*
Auray-ie de sa main ce que i'espere d'elle ? *Escuyer.*
Ce siecle a-t'il encor quelques amis constans?
Aura-t'il ses vertus, ou les vices du temps?
T'a-t'il faict voir à nud sa bonne conscience?
Responds viste, & pardonne à mon impatience ;

Parle moy franchement, & ne me cele rien;
Car ie sçay receuoir, & le mal & le bien.

PHILISE.

Madame, il m'a promis de suiure vostre enuie,
Deust-il perdre en ce iour & l'honneur & la vie :
Il a desia chez luy l'esquipage dressé,
Le mieux que le permet vn depart si pressé.
Reste qu'à la faueur de l'habit que ie porte,
Vous alliez abuser les gardes de la porte :
Vous trouuerez apres au bas de l'escalier,
Pour vous donner la main ce braue Caualier:
Abaissez bien mon voile, afin qu'on ne vous voye:

ARGENIE.

Vne extreme douleur se mesle auec ma ioye,
Et ie rougis de honte, en te laissant icy:

PHILISE.

Philise ne vaut pas l'honneur de ce soucy;
Et mon esprit heureux, n'aura que trop de gloire,
S'il reuit par ma mort dedans vostre memoire;
Passez à l'antichambre ; & sans perdre vn moment,
A fin de vous sauuer, changeons d'habillement.

SCENE

SCENE TROISIESME.

LISANDRE, FLORESTOR.

LISANDRE.

NOstre crainte est certaine, & sa perte asseu-
rée,
Le destin y consent, la Reine l'a iurée.

FLORESTOR.

Quoy, l'a-t'on reconu?

LISANDRE.

    Non; mais c'est qu'en ce jour,
Le malheur a permis qu'on ait sceu son amour;
Que les Loix de l'Estat, funestes & fatales,
Veulent estre puny de peines capitales;
L'on a surpris la nuict l'Infante auecque luy:
Or iugez quel espoir nous demeure auiourdh'uy.

N

On vient de publier leur prise infortunée.

FLORESTOR.

De force & de raison mon ame abandonnée
Sent en soy les effects d'vne extréme terreur,
Et tous ses mouuemens vont iusqu'à la fureur.
Ne le descouurir point c'est vouloir qu'il perisse;
Et dire ce qu'il est, c'est haster son supplice:
O Dieux qui cognoissez iusqu'où vont mes douleurs,
Helas! faites finir mes iours, ou ses malheurs:
Et ne permettez pas que cét excellent Prince,
Rencontre son tombeau dedans ceste prouince,
Sauuez-le du peril où l'amour l'a ietté,
Et par vostre pouuoir, & par vostre bonté.
Tout autre espoir en moy se reduit en fumée;
Naples nous peut donner vne puissante armée:
Mais auant que ie puisse en aduertir le Roy,
Le Prince aura suby les rigueurs de la Loy,
De sorte qu'en l'estat que sa fortune est mise,
C'est de vous, immortels, que depend sa franchise.

LISANDRE.

Pour l'exempter du mal qu'on luy faict endurer,
Ie treuue qu'il nous reste vn moyen d'esperer:

DEGVISÉ.

Le combat est permis, nous le pouuons deffendre:

FLORESTOR.

Vous me ressuscitez, braue & sage Lisandre;
Si l'on peut empescher son trespas pour s'offrir,
Il est bien asseuré de ne le pas souffrir.
Mais sans perdre le temps allons en diligence,
Dire aux iuges du camp que ie prens sa deffence.

LISANDRE.

Bien que vous le vouliez, ie n'en suis pas d'accord:
Ce que ie vous permets est de tirer au sort,
Pour voir qui de nous deux choisira la fortune:
Soit comme l'amitié ceste gloire commune.

FLORESTOR.

Mene-t'on dans la place icy les prisonniers?

LISANDRE.

On le faisoit ainsi iusqu'aux siecles derniers,
Qu'vn tumulte arriué fit changer cét vsage:

FLORESTOR.

I'ay quelque chose au cœur, qui m'est de bon presage:

N ij

Allons voir qui de nous deura se presenter,
Puisque par ce moyen on vous peut contenter.

LISANDRE.

Tant que durent huict iours la barriere est ouuerte:

FLORESTOR.

Nous ne sçaurions trop tost empescher nostre perte.

SCENE QVATRIESME.

MELANIRE.

INdomptable Tiran qui regnes dans mon cœur,
Apres vn grand combat tu restes le vainqueur,
Tu chasses le dépit de mon ame insensée,
Et tu luy fais changer sa derniere pensée.
I'aime encor Policandre, & tu me fais sentir,
Qu'on ne nuit en amour que pour s'en repentir:
Et que quelques efforts que la liberté face,
Tousiours l'object aimé sçait obtenir sa grace:
Plaire comme autrefois, conseruer son pouuoir,
Et donner dès desirs quand on ne le peut voir.
O funestes transports qui gouuernez mon ame!
Vous seuls auez soufflé cette tragique flame,
Qui s'en va consumer le plus beau des amans,
Et me faire mourir par ses propres tourmans.
Mon ame à la fureur s'est trop abandonnée;
Malheureux Policandre, Infante infortunée;

Puisque ce mauuais sort ne se peut plus chan-
　　ger,
Au moins par mon trespas ie vous sçauray vanger.

SCENE CINQVIESME.

RVTILE, MELANIRE.

RVTILE.

Mais qu'est-il deuenu, ne m'en peux-tu rien
　　dire?

MELANIRE.

Non; fuis de ce iardin comme de cét Empire;
Fuis dis-ie, auec ces biens qu'vn Prince t'a donnez,
Et va passer ailleurs tes iours mieux fortunez:
Mais ne t'informe point de l'espece du crime:
Et pour mon triste cœur, que le malheur oppri-
　　me,
Il va chercher la mort pour rencontrer la paix,
Console toy Rutile, adieu pour tout iamais.

DEGVISE.
RVTILE.

Quel estrange discours! ô Ciel quelle furie!
Que veut-elle bien dire en cette resuerie?
N'importe, esloignons nous, puis qu'il nous reste encor,
Ce que i'aime plus qu'elle, & la franchise, & l'or.

SCENE SIXIESME.

ROSEMONDE, ANTHENOR, THEOTIME,
ARCHANE, CHŒVR DE COVRTISANS,
CHŒVR DE PEVPLE, ARMILE, IVGES,
DE CAMP, CHŒVR DE TROMPETTES.

ROSEMONDE.

Peuple qui connoissez le subiect de ma peine,
Qui sçauez quel desastre attaque vostre Reine,
Souffrant vn si grand mal dont vous estes tesmoins,
[N]e l'en pouuant guerir pleignez la pour le moins.
[D]onnez quelques soupirs au soin qui l'importune,
[E]t remarquez en moy ce que peut la fortune,

Qui se mocquant du grade, & du pouuoir humain,
Regne, & me vient oster le Sceptre de la main.
Me voicy dans la place, où cette inexorable
Doit peut-estre auiourd'huy me rendre miserable,
Et vous rauir à tous celle qui doit regner.
Enfin, quoy qu'il en soit, ie viens vous tesmoigner,
Que le respect des Loix, comme de la Couronne,
Peut tout sur mon esprit, voyant qu'il abandonne
Mon vnique heritier à leur seuerité;
Supplice que ie souffre, & qu'elle a merité.

ANTHENOR.

Madame, i'apperçois vn guerrier qui s'aduance:

SCENE

SCENE SEPTIESME.

ARGENIE.

Pardonne cher Amant à mon peu de vaillan- *Elle a la*
ce, *visiere*
Si ceste foible main ne te sauue en ce iour, *baissée,*
Ie puis manquer de force, & non iamais d'amour. *& dit ce-*
cy tout
bas.

ANTHENOR.

Pour qui combattez vous ? faites-le nous enten-
dre :

ARGENIE.

Pour le plus innocent :

ANTHENOR.

pour qui ?

ARGENIE.

pour Policandre.

LE PRINCE
ROSEMONDE.

Prodige, qu'vn païsan rencontre du support?
Fille, on t'a prononcé ta sentence de mort.

SCENE HVICTIESME.

FLORESTOR, LISANDRE.

FLORESTOR.

Ous sommes preuenuz, il s'offre pour mon
Maistre:

LISANDRE.

Puis qu'il est le premier, il nous luy faut permettre
De deffendre son droict:

FLORESTOR.

S'il le faut, ie le veux:

LISANDRE.

Mais secondons encor ses armes de nos vœux.

DE'GVISE'.
ANTHENOR.

Vn autre Caualier se presente à la lice:

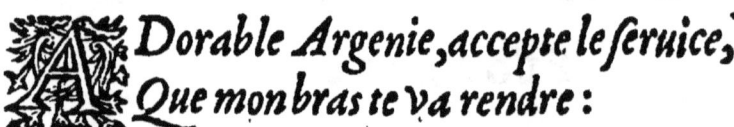

SCENE DERNIERE.

CLEARQVE.

Adorable Argenie, accepte le seruice,
Que mon bras te va rendre :

Il a la visiere baissée, & dit cela tout bas.

FLORESTOR.

Haque vois-ie ô bons Dieux !
Les armes de mon Maistre esclattent en ces lieux!

ANTHENOR.

Dites ce qui vous meine en cette compagnie?

ARGENIE.

Ie suis pour Policandre,

CLEARQVE.

& moy pour Argenie.

O ij

LE PRINCE

ROSEMONDE.

Elle par-
le bas.
Foible & debile espoir, tasche de subsister:
Le Ciel, vaillant Heros, daigne icy t'assister.

ANTHENOR.

Les trõ-
pettes
sonnent.
On vous donne à tous deux le congé de la Reine,
Acheuez par le fer le dessein qui vous meine.

FLORESTOR.

Le traistre, le voleur, il desrobe auiourd'huy
Les armes de mon Maistre, & les prend contre luy!

ARGENIE.

Elle par-
le bas.
Quel est cét importun, qui vient sans qu'on l'appelle?

CLEARQVE.

Il dit ces
trois
premiers
vers tout
bas.
Quel visage inconnu s'engage à ma querelle?
Sçache cruel amy que tu ne me plais pas,
Et que cette faueur aduance ton trespas.
Pourquoy viens tu deffendre vn meschant, vn coupable,
Qui se iuge de vie, & de grace incapable?

DEGUISÉ.

Qui ne t'appreune point, qui desire finir,
Et que ton bras iniuste empesche de punir.
Soit en d'autres exploicts ta valeur occuppée,
Si tu veux te sauuer des coups de mon espée.

ARGENIE.

Pourquoy nous amuser d'inutiles discours ?
Sans doute les meilleurs sont icy les plus courts.
Sois pour qui tu voudras, ie suis pour Policandre:
Ne harangue donc plus, & songe à te deffendre.

Ils mettent l'espée à la main & se battẽt.

CLEARQVE.

O le lasche vanteur, qu'il a peu resisté !
Reconnois ta foiblesse, & ta temerité.
Iuste Ciel c'est l'Infante ! helas barbare infame,
Elle vient te sauuer, & tu luy rauis l'ame !
Elle combat pour toy, tu la priues du iour !
Monstre dénaturé, tu n'eus iamais d'amour.

Elle tombe.

Il luy oste le casque.

ROSEMONDE.

O Dieux, c'est Argenie !

ARGENIE.

     Acheue ta victoire,
Ialoux de mon repos, ennemy de ma gloire,

O iij

LE PRINCE

Perds, au lieu de sauuer celle que tu deffends,
Et voy qu'elle te haït pour le soing que tu prends.

ROSEMONDE.

Sa fortune auiourd'huy n'en sera pas meilleure:

CLEARQVE.

Puis que ie suis vainqueur, que Policandre meure,
Il oste son habillemēt de teste. *Le voicy, commandez que ce soit deuant vous,*
Ce bien-heureux trespas me semblera fort dous.

ROSEMONDE.

Ce miracle nouueau me remplit de merueille;
Bons Dieux, qui veit iamais aduanture pareille?

CLEARQVE.

N'obseruera-t'on pas ce que prescript la Loy?

ARGENIE.

Non; il faut si tu meurs que ie meure auec toy,
Ie hay presque ta main, à cause qu'elle m'aide:

CLEARQVE.

Vous augmentez mon mal, mais i'en sçay le remede.

DÉGVISÉ.

Madame, trouuez bon qu'en cet'extremité,
Ie puisse ouurir mon cœur à vostre Maiesté,
Et que ie la coniure en sauuant la Princesse,
De se resoudre icy d'accomplir sa promesse,
Qui porte qu'on la donne, à qui vous donnera
La teste de Clearque,

ROSEMONDE.

Et bien qui le fera?

CLEARQVE.

Moy Madame, qui suis ce miserable Prince,
Que l'Amour a conduit dedans ceste Prouince,
Ce Clearque odieux, mais pourtant innocent;
Vous desirez sa teste, & son cœur y consent.
Ie la mets à vos pieds, & ie vous l'abandonne: *Il se met à genoux*
Vous souhaittez ma mort, faites qu'on me la donne;
Espargnez par mon sang le vostre qui vaut mieux:
Ainsi iamais object ne desplaise à vos yeux;
Ainsi puisse regner l'Infante prisonniere,
Et que ceste douleur soit pour vous la derniere.
Vangez vous; perdez moy, sans tarder vn moment;
Et vous ressouuenez quel est vostre sermens.

Mais pour vous contenter, & suiure mon enuie,
Refusez moy l'Infante, & m'accordez sa vie;
C'est tout ce que demande vn esprit amoureux,
Qu'au milieu des tourmens vous pouuez rendre heu-
reux.

ROSEMONDE.

O Ciel,ô sort! ô Dieux! quel conseil dois-ie suiure?
Mon væu reste imparfaict, si ie le laisse viure,
Et si pour le punir son sang est espandu,
Quel honneur d'attaquer vn ennemy rendu?
Amant, fille, mary, courage, amour, memoi-
re,
Que dois-ie faire icy pour conseruer ma gloire?
Oublier, ou haïr? punir, ou pardonner?
Immoler ma victime, ou bien la couronner?
O diuers sentimens, vous me donnez la gesne,
Et ie ne puis choisir, ny l'amour, ny la haine.

ARGENIE.

Nous sommes l'vn & l'autre indignes de pitié;
Mais donnez luy la vie, & non vostre amitié;
Et souffrez que mon sang efface l'infamie,
Des folles passions d'vne amante ennemie.

Qu'il

DÉGVISÉ.

Qu'il viue & que ie meure; & que ce fer vainqueur, *Elle se jette sur l'espée du Prince, mais on l'empesche.*
Trouue ainsi que ses yeux le chemin de mon cœur.

CLEARQVE.

Ha cruelle Argenie, est-ce ainsi que vostre ame,
Veut preuuer son amour & faire voir sa flame?
Ainsi donc vostre esprit a voulu me trahir?

ARGENIE.

Ie quitte vn ennemy que ie ne puis hair.
Et bien que ma vertu sans subiect on soupçonne,
Vn nom me faict horreur dont i'aime la personne;
Ouy ie t'aime Clearque; & c'est en ce moment,
Pourquoy ie veux finir, pour finir en t'aimant,
En estant asseuré, supprime ce reproche.

CLEARQVE.

Puis qu'on ne peut fleschir ce courage de roche *Comme il se veut tuer la Reine le retient.*
Permets moy de meurtrir ce cœur remply de foy,
I'en demande congé parce qu'il est à toy.

ROSEMONDE.

Non, non, viuez tous deux, ceste amour sans pareille,
Qui me rauit le cœur, & me charme l'oreille,

P

Devroit aussi bien qu'elle eterniser vos iours,
La haine que i'auois a pris vn trop long cours;
L'orage va finir, & i'apperçoy la riue:
Que Policandre meure, & que Clearque viue:
Ainsi tout s'accomplit: & ie veux desormais,
Voir entre nos Estats vne eternelle paix:
Aussi tost qu'Altomire aura faict reconnestre,
Qu'ainsi qu'on me l'a dit il vous a donné l'estre.

CLEARQVE.

Lisandre que ie voy, peut estre mon tesmoin:

LISANDRE.

Ie le connois Madame, & le plege au besoin.

CLEARQVE.

Chacun sçait que mon pere appreuue l'hime-
nee :

ROSEMONDE.

Vostre fidelité doit estre couronnée :
Soit ainsi, ie le veux : puissiez vous vn long-
temps,
Viure autant amoureux que vous estes contens.

DE'GVISE'

CLEARQVE.

Que ie baise vos pas, incomparable Reine:

ARGENIE.

Que le plaisir est doux, en suitte de la peine!

FLORESTOR.

Dieux clemens & tous bons, que ie vous dois d'encens!

ANTHENOR.

Changeons le feu du crime en des feux innocens,
Qui poussent iusqu'au Ciel les marques de la ioye,
Qui regne dans nos cœurs, & que luy mesme en-
uoye.

ROSEMONDE.

Ne me direz vous point vos maux, & vos plaisirs?

CLEARQVE.

Nous ne prendrons de loix que de vos seuls desirs:
Mais afin que ce iour n'ait plus rien qui soit triste,
Donnez moy le pardon des Gardes, & d'Ariste.

ARGENIE.

Philise, dont le zele est sans comparaison,
Demande à vos bontez la clef de ma prison:

ROSEMONDE.

La loy vous met en main la puissance Royalle.
Et pour moy, i'ay donné la grace generalle:
Viuez, regnez heureux, & celebrez le iour,
Où l'on voit triompher la constance & l'amour,
Le danger encouru pour la personne aimée,
Va remplir l'Vniuers de vostre renommée,
Et les siecles suiuans, pour l'auoir mesprisé,
Admireront encor, LE PRINCE DE GVISE.

FIN.

PRIVILEGE DV ROY.

LOVYS PAR LA GRACE DE DIEV ROY DE FRANCE ET DE NAVARRE: A nos amez & feaux Conseillers, les gens tenans nos Cours de Parlement, Maistres des Requestes ordinaires de nostre Hostel, Baillifs, Seneschaux, Preuosts, leurs Lieutenans, & tous autres de nos Iusticiers & Officiers qu'il appartiendra; Salut. Nostre bien-aimé AVGVSTIN COVRBE, Marchand Libraire en nostre bonne ville de Paris, nous a fait remonstrer qu'il a recouuré deux Tragi-Comedies nouuelles, composées par le Sieur SCVDERY, intitulees; l'vne, *Le Vassal Genereux*; & l'autre, *Le Prince Déguisé*, lesquelles il desireroit faire imprimer, s'il auoit sur ce nos Lettres necessaires; lesquelles il nous a tres-humblement supplié de luy accorder. A CES CAVSES, Nous auons permis & permettons par ces presentes à l'exposant, d'imprimer ou faire imprimer, vendre & debiter en tous les lieux de nostre obeyssance, lesdites deux Tragi-Comedies, coniointement ou separément; en telles marges, & tels caracteres, & autant de fois que bon luy semblera, durant l'espace de neuf ans entiers & accomplis, à compter du iour que chacune sera acheuee d'imprimer pour la premiere fois. Faisans tres-expresses deffenses à toutes personnes, de quelque qualité & condition qu'elles soient, d'imprimer, ny faire imprimer, vendre ou distribuer lesdites Tragi-Comedies en aucun lieu de ce Royaume durant ledit temps, sans le consentement de l'exposant; sous pretexte d'augmentation, correction, ou autrement, en quelque sorte & maniere que ce soit; ny mesme d'en extraire aucune chose, ou d'en contrefaire le titre, à peine de quinze cens liures d'amende, payable par chacun des contreuenans, & applicables vn tiers à l'Hostel-Dieu de Paris; & l'autre tiers audit exposant: de confiscation des exemplaires contre-faits, & de tous despens, dommages & interests: A condition qu'il en sera mis deux exemplaires de chacune en nostre Bibliotheque publique, & vn en celles de nostre tres-cher & feal le sieur Seguier, Cheuallier, Garde des Seaux de France, auant que de l'exposer en vente, à peine de nullité des presentes : Du contenu desquelles nous vous mandons que vous fassiez iouïr plainement & paisiblement l'exposant, sans souffrir qu'il luy soit donné aucun empeschement au contraire. Voulons qu'en mettant au commencement, ou à la fin de chaque exemplaire, vn bref extraict des presentes, elles soient tenuës pour deuëment signifiées, & que foy y soit adioustée ; & aux coppies d'icelles, collationnées par vn de nos amez & feaux, Conseillers, Secretaires, comme à l'original. Mandons au premier Huissier ou Sergent sur ce requis, de faire pour l'execution du contenu cy-dessus, tous exploicts necessaires, sans demander autre permission. CAR TEL EST nostre plaisir, nonobstant Clameur de Haro, Chartre Normande, & autres lettres à ce contraires. Donné à Paris le onziesme iour d'Aoust, l'an de grace mil six cens trente cinq. Et de nostre regne le vingt-sixiesme.

Par le Roy en son Conseil.

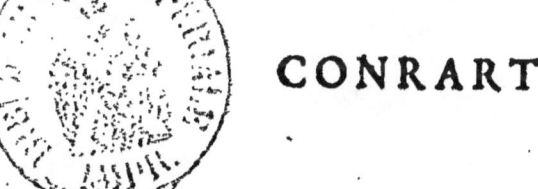

CONRART.

Acheué d'imprimer ce premier Septembre 1635.

Les exemplaires ont esté fournis ainsi qu'il est porté par le Priuilege.

Texte détérioré — reliure défectueuse

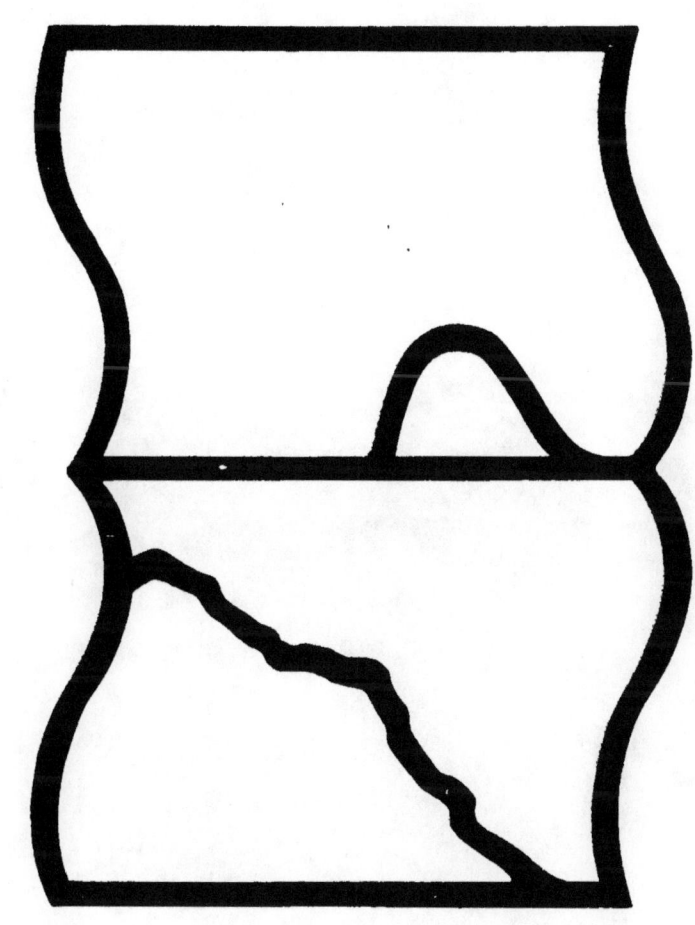

www.ingramcontent.com/pod-product-compliance
Lightning Source LLC
Chambersburg PA
CBHW060154100426
42744CB00007B/1027